W0182861

La fin du couple

DU MÊME AUTEUR

Le crime était presque sexuel, et autres essais de casuistique juridique, Epel, 2002 ; Flammarion, 2003

Qu'avez-vous fait de la libération sexuelle ?, Flammarion, 2002 ; Points, 2007

Penser les droits de la naissance, Presses universitaires de France, 2002

L'Empire du ventre. Pour une autre histoire de la maternité, Fayard, 2004

Antimanuel d'éducation sexuelle, en collaboration avec Patrice Maniglier, Bréal, 2005

Bêtes et victimes, et autres chroniques de Libération, Stock, 2005

Aimer tue, Stock, 2005

Une journée dans la vie de Lionel Jospin, Fayard, 2006

Par le trou de la serrure. Une histoire de la pudeur publique, XIXe-XXIe siècle, Fayard, 2008

De la pornographie en Amérique, La liberté d'expression à l'âge de la démocratie délibérative, Fayard, 2010

Confessions d'une mangeuse de viande, Fayard, 2011

Une société de violeurs ?, Fayard, 2012

Belle et Bête, Stock, 2013

Jouir, obéir et autres activités vitales, Stock, 2013

Œdipe reine, Stock, 2014

M le mari, Michel Lafon, 2016

Marcela Iacub

La fin du couple

Stock

Les essais

Couverture Corinne App
Illustration : © Agnès Propeck

ISBN 978-2-234-07910-6

© Éditions Stock, 2016

Introduction

L'État, le couple et la solitude

> *« Étant donné qu'il ne nous appartient pas de forger un plan qui vaille pour tous les temps à venir, il est d'autant plus certain que ce que nous devons faire pour le présent, c'est une évaluation critique impitoyable de tout ce qui est, impitoyable au sens où notre critique ne doit craindre ni ses propres résultats ni le conflit avec les pouvoirs établis. »*
>
> Karl Marx

Les Français sont terriblement seuls. Un sur quatre n'a aucun ami. 39 % ne voient plus ou presque leur famille. Ils ne sont que 26 % à fréquenter des clubs, des organisations, des associations. Un sur cinq n'a pas de camarades dans son milieu de travail. 12 % de nos concitoyens, soit cinq millions de personnes de plus de 18 ans, se trouvent dans un état d'isolement. Cela signifie qu'ils n'ont de contacts significatifs dans aucun des cinq réseaux de sociabilité : familial, professionnel, amical, associatif, de voisinage[1]. Et 30 % n'en

1. En 2010 il y avait un million de personnes de moins qu'en 2014 qui se trouvaient dans cette situation. Les réseaux sociaux virtuels ne

fréquentent qu'un seul. Il y a aussi le sentiment de solitude qu'éprouvent 21 % des Français, qui touche non seulement ceux qui sont objectivement isolés mais aussi ceux qui ne le sont pas. Cette forme de tristesse qui vient non pas de l'absence de liens mais de leur misère.

La solitude croît et s'étend comme une tache d'huile selon les enquêtes réalisées par la Fondation de France. Elle atteint toutes les classes de la société – même si la pauvreté fait augmenter le nombre et la douleur de ses victimes. Et tous les âges. Alors que l'isolement des vieilles personnes croît d'année en année, atteignant 24 % des plus de 75 ans, pour la première fois les moins de 29 ans sont eux aussi touchés. Ils sont 6 % dans cette situation. Chez les moins de 40 ans le nombre d'individus isolés a doublé en quatre ans. Ils étaient 7 % en 2014 contre 3 % en 2010. S'il ne sévissait que dans les campagnes, désormais l'isolement n'épargne pas les villes. Chaque année 160 000 enfants assistent au divorce de leurs parents et 40 % d'entre eux ne voient plus leur père. Pour la première fois se mettent en place des actions contre la solitude. En 2011, elle fut déclarée grande cause nationale.

Si l'on examine la France à partir de ses ménages (personnes habitant dans un même logement), on voit se dessiner les mêmes tendances[1]. En 2009, un ménage sur trois est composé d'une seule personne contre un

---

sont pas une compensation au manque de liens sociaux : 80 % des personnes en situation d'isolement ne les fréquentent pas. La Fondation de France, « Les solitudes en France », rapports juillet 2013 et juillet 2014.

1. Les statistiques citées sont extraites du site de l'INSEE : www.insee.fr sauf indication contraire.

sur cinq en 1975. On attribue cet accroissement au nombre de plus en plus important de personnes de 30 à 59 ans qui ne vivent pas en couple. Entre 1990 et 2008, la population de cette tranche d'âge a augmenté de deux millions et le nombre de personnes qui vivent seules ou à la tête d'une famille monoparentale a augmenté de trois millions[1]. Un deuxième tiers est composé par des ménages de deux personnes et le dernier tiers par trois ou plus. Parallèlement le nombre de grands ménages, ceux composés par cinq personnes ou plus, ne cesse de reculer. En 2009, seul un ménage sur quinze était dans cette situation. Pourtant, la crise économique, le chômage, les difficultés pour faire garder les enfants en bas âge, ainsi que les soucis écologiques auraient dû, au contraire, multiplier les colocations et les cohabitations.

En 1972, il y a eu 417 000 mariages, contre 231 000 aujourd'hui[2]. Entre 1964 et 2013 le nombre de divorces a été multiplié par quatre[3]. La rupture du lien conjugal outre la diminution du niveau de vie précède souvent celle avec le cercle d'amis, les voisins voire sa propre famille. Dans certaines situations critiques, le divorce est le prélude de processus de marginalisation

1. En 2005, 17,7 % d'enfants vivaient dans une famille monoparentale alors qu'ils n'étaient que 7,7 % en 1968. Dans neuf cas sur dix les familles sont monoparentales à cause d'une séparation. Dans 15 % des cas, les parents n'ont jamais vécu ensemble.

2. On dira que ces chiffres sont compensés par le Pacs, dont le nombre a augmenté considérablement, or la durée moyenne de ces unions est de deux ans et demi. D'ailleurs seuls 20 % des couples vivent en concubinage.

3. Il est passé de 30 000 à 121 000 par an. Dans une étude publiée le 2 juin 2016 par l'INSEE, le divorce recule légèrement depuis 2013. Voir *Le Figaro*, 3 juin 2016.

sociale. Et on sait que le remariage qui peut compenser certaines de ces pertes en reconfigurant de nouvelles existences n'est pas facile pour tout le monde. Sans compter que les personnes qui se remettent en couple ont une propension plus forte à se séparer que lors de leur première union. De fait, seules 9 % des familles sont recomposées alors que 21 % sont monoparentales.

Or ces chiffres sont bien en dessous des désirs de se séparer des 16 millions de personnes qui vivent en couple[1]. Il est fort probable que si elles avaient les moyens économiques et psychologiques ou si elles n'avaient pas à leur charge des enfants en bas âge, il y aurait presque autant de divorces que de mariages par an, presque autant de séparations que de nouvelles unions concubinaires. L'un des buts des nouvelles lois sur les violences conjugales édictées ces dernières années est précisément celui-là : accélérer la rupture de certaines unions tout en garantissant aux femmes une certaine sécurité économique[2].

C'est sans doute parce qu'on sait que les unions ne dureront point – même si l'on n'y songe pas consciemment – que l'on choisit son conjoint d'une manière différente que dans le passé. Eva Illouz emprunte à l'économiste Karl Polanyi l'expression de « grande transformation » que ce dernier employait pour faire allusion au processus par lequel le marché

1. Voir Jean-Claude Kaufmann, *Piégée dans son couple,* Paris, Les liens qui libèrent, 2016.

2. Ce problème est posé dans ces termes dans les ouvrages adressés au grand public, par exemple : My-Kim Yang-Paya et Céline Marcovici, *Guide juridique des femmes victimes de violences,* Paris, Alma Éditeur, 2016.

capitaliste a « désencastré » l'acte économique de la société et de ses cadres moraux, et organisé l'économie en marchés autorégulés avant de la placer sous sa domination. « Ce que nous appelons l'amour romantique, écrit Eva Illouz, consista d'abord et avant tout à désencastrer les choix amoureux individuels du tissu moral et social du groupe et à faire émerger un marché de rencontres autorégulé[1]. » Cela explique que les individus qui se mettent en couple n'échangent pas des positions et des atouts égaux comme c'était le cas auparavant[2]. Cela signifie non seulement que les partenaires sont moins bien « appariés » mais qu'il se crée entre eux des situations de domination inédites qui augmentent malheur et instabilité conjugaux.

Dans ce nouveau marché le sex-appeal est devenu l'un des critères déterminants du choix du conjoint

1. Eva Illouz, *Pourquoi l'amour fait mal ? L'expérience amoureuse dans la modernité*, Paris, Points Seuil, 2014, p. 84-85.

2. C'est, en substance, le même constat que fait Milan Bouchet-Valat qui, en étudiant ce phénomène en France entre 1969 et 2011, conclut à la fin de l'homogamie. Le taux de couples dotés du même diplôme est passé de 47 à 27 %, le taux de ceux composés d'un conjoint diplômé du supérieur et d'un autre sans le baccalauréat, de 1 à 8 %. Le nombre de couples de deux agriculteurs a diminué de 15 à 1 % et le nombre de ceux dont les pères des deux partenaires ont la même origine sociale, de 32 à 23 %. À la différence d'Eva Illouz, Boudet-Vilat attribue cette transformation non pas à l'apparition d'un marché des choix des conjoints mais à la démocratisation de la société. Et il se réjouit que l'augmentation des inégalités économiques pendant cette période n'ait pas renforcé la « ségrégation » entre groupes, au lieu de considérer comme le fait Eva Illouz cette transformation comme une source de nouvelles inégalités et donc aussi d'instabilité conjugale. « Les évolutions de l'homogamie de diplôme, de classe et d'origine sociale en France (1969-2011), ouverture d'ensemble, repli des élites », *Revue française de sociologie*, 3, 2014, vol. 55, p. 459-505.

d'après ce qu'ont montré de nombreuses études américaines[1]. Cela signifie en substance que c'est l'attirance sexuelle qui peut déterminer le choix d'une épouse ou d'un époux, attirance qui selon les biologistes[2] ne durerait que trente mois alors que selon d'autres enquêtes[3] elle serait en moyenne de quatre ans, ce qui pourrait expliquer le pic de divorces que l'on retrouve en France au bout de cinq ans de mariage.

Au moment de former un couple alors que nous croyons choisir un partenaire pour notre bonheur nous obéissons à des normes qui nous font entrer subrepticement dans une spirale de solitude. Comme si celles-ci au lieu de chercher à nous rassembler s'acharnaient au contraire à nous isoler.

---

1. Paul Eastwick et Eli Finkel, « *Sex Differences in Mate Preferences Revisited : Do People Know What They Initially Desire in a Romantic Partner ?* » *Journal of Personality and Social Psychology,* n° 94 (2), 2008, p. 245-264 ; David M. Buss, Todd K. Shakelford *et al.*, « *A Half Century of Mate Preferences. The Cultural Evolution of Values* », *Journal of Marriage and the Family,* n° 63 (2), 2001, p. 491-503 ; Feona Attwood, *Mainstreaming Sex. The Sexualisation of Western Culture,* Londres et New York, I.B. Tauris, 2009 ; Murray Webster et James Driskell, « *Beauty as Status* », *American Journal of Sociology,* n° 89 (1), 1983, p. 140-165 ; Adam Green, « *The Social Organization of Desire : The Sexual Fields Approach* », *Sociological Theory,* n° 26 (1), 2008, p. 25-50 ; John Levi Martin et Matt George, « *Theories of Sexual Stratification : Toward an Analytics of the Sexual Field and a Theory of Sexual Capital* », *Sociological Theory,* n° 24 (2), 2006, p. 107-132 ; citées par Eva Illouz, *Pourquoi l'amour fait mal ? L'expérience amoureuse dans la modernité, op. cit.*, p. 97, 98, 108, 110, 111.

2. Lucy Vincent, *Comment devient-on amoureux ?* Paris, Odile Jacob, 2004, et *Petits arrangements avec l'amour,* Paris, Odile Jacob, 2007.

3. Voir chapitre V.

Heureux comme Robinson Crusoé

Si l'isolement inquiète désormais, les discours dominants semblent bien s'en accommoder. Selon eux, l'individu dépourvu de tout lien significatif avec ses semblables est une entité socialement viable, tel le mythologique Robinson Crusoé. On prétend que seuls les enfants auraient besoin d'avoir des rapports forts – notamment avec leur mère – pour survivre et se développer[1]. Alors que les adultes, eux, pourraient le faire grâce au souvenir de leurs attachements passés. La personne dite immature est celle qui n'y réussit pas. Cette idée est le grand évangile que distillent aussi bien les psychologues, les manuels de *self-help* et les magazines à grand tirage : « Avant de chercher à ce qu'on vous aime, commencez par vous aimer vous-même. »

Dans son film *Gravity* (2013), Alfonso Cuarón met en scène ces théories avec génie et poésie. C'est l'histoire d'une astronaute incarnée par Sandra Bullock, seule survivante d'un accident spatial. Or sur Terre elle est tout aussi seule. Sa fille est morte quelques années auparavant. Elle est divorcée et elle n'a aucune famille. Pour trouver la force de rentrer sur notre planète elle doit chercher quelque chose qui l'y rattache. Quelque chose qui donne un sens à sa vie, c'est-à-dire : quelqu'un qui l'ait aimée. C'est ainsi que dans son désespoir sidéral elle fait travailler sa mémoire. Elle se souvient de l'amour qu'on lui a porté dans le

1. Voir à ce propos les prétendues « expériences scientifiques » qui viendraient corroborer ces hypothèses, dans Nicolas Kervyn, Jacques-Philippe Leyens et Maïder Deschamps, *De l'identité nationaliste*, Paris, Lemieux éditeur, 2015, p. 23-27.

passé, quand elle était enfant. Cet amour qui doit lui servir sa vie durant. C'est grâce à cela que son intelligence et son désir de vivre s'éveillent et qu'elle peut retourner sur la Terre. Comme si pendant l'enfance on chargeait une batterie qui devrait nous attacher à la société jusqu'à la mort. Voilà la manière dont un adulte est censé se positionner dans ses rapports aux autres. Il doit être capable de survivre à n'importe quelle solitude, alors qu'en 1897 Émile Durkheim écrivait dans *Le Suicide*[1] que le fait pour les adultes de ne plus être intégrés dans des cercles de sociabilité comme la famille, l'église ou la société politique les poussait à se donner la mort. Si c'était lui qui avait écrit le scénario de *Gravity*, Sandra Bullock ne serait jamais revenue. Tout comme ne reviennent plus de leur isolement tant de millions de personnes que les accidents de la vie ont déliées des autres.

Un groupe de chercheurs de l'université de Chicago[2] a montré que ceux qui se sentent seuls – 40 % de la population américaine – meurent plus tôt que les autres. La solitude représente un risque sanitaire aussi lourd que le tabac et plus grave que l'obésité. Elle réduit les défenses immunitaires et favorise les inflammations pouvant déboucher sur des arthrites ou des diabètes. Puis, le sentiment de solitude est à l'origine de cette manière d'être mort alors que l'on respire qu'est la dépression. Selon l'OMS, la France, avec un taux de 21 % de la population atteinte, serait le pays le plus touché au monde,

1. Émile Durkheim, *Le Suicide*, Paris, PUF, 2013.
2. Étude citée dans *Sciences et Avenir*, « Comment la solitude nuit à notre système immunitaire », 25 novembre 2015.

devançant les États-Unis (19,2 %). Et la solitude est aussi liée au nombre de suicides : 14,7 pour 100 000 habitants – la moyenne européenne est de 10,2 pour 100 000. Et aussi au désir de mourir qui fait que 220 000 personnes tentent de se suicider en France chaque année. Par ailleurs, si l'on prend en considération ces deux formes de suicides différés que sont les actes de terrorisme et les meurtres de masse (ces derniers étant beaucoup plus importants aux États-Unis[1] qu'en Europe), on aurait de quoi noircir ce tableau déjà si sombre[2].

L'État, socle dissociatif du lien social

Bien qu'il y ait un mal de vivre français, une « dépression » nationale qui frappe les observateurs étrangers, l'ensemble des pays développés est atteint par cette épidémie de solitude. Il est un lieu commun de l'attribuer au fait que les besoins élémentaires de leurs populations y sont satisfaits – comme s'il y avait une incompatibilité entre l'abondance matérielle et la richesse relationnelle. Or si c'était ainsi cette règle devrait se vérifier aussi chez les pauvres des pays riches. Alors que les enquêtes montrent tout autre chose : plus on est sans ressources et plus on est seul.

1. Aux États-Unis, en 2015 il y a eu 380 morts dans des tueries de masse selon le *Washington Post.* Dans les écoles du pays, le rythme est de près d'une fusillade par semaine, écrit le *Los Angeles Times*, *JDD*, 2 octobre 2015.

2. Voir à ce propos Hans Magnus Enzensberger, *Le Perdant radical. Essai sur les hommes de la terreur*, traduit par Daniel Mirsky, Paris, Gallimard, 2006.

Les groupes d'appartenance tels que la famille ou les amis tendent non pas à aider les personnes en difficulté mais à s'en éloigner[1].

Les différences entre pays riches et pays pauvres ne dépendent donc pas des moyens économiques de la population mais de la manière dont les individus sont insérés dans les institutions de la sociabilité, dont le rôle est si fondamental pour eux. Car ces institutions inscrivent la vie de chacun dans un réseau de relations qui fonctionnent comme vecteurs de reconnaissance et de solidarité, d'amour et de sens. Dans le maillage des liens susceptibles aussi bien de protéger les individus contre les avatars de la vie que de leur permettre d'avoir confiance en eux-mêmes. De leur donner des raisons de vivre et d'assouvir leurs besoins matériels et relationnels les plus élémentaires.

Dans les pays pauvres les individus sont obligés pour survivre de mobiliser leurs groupes d'appartenance. C'est la solidarité de la misère. Alors que dans les pays riches l'État intervient dans la société civile non seulement pour lui fournir des aides économiques mais aussi pour la remodeler au nom des « intérêts » de cette dernière. Il agit sur la famille, sur la sexualité, sur les relations professionnelles, de voisinage, sur les rapports sociaux informels ainsi que sur ceux que les individus entretiennent avec eux-mêmes.

En effet, les États ont cherché à s'assurer leur présence directe et constante dans ces institutions de la sociabilité au détriment de la puissance intégratrice de ces dernières. Ils ont, par ailleurs, transformé la structure et les fonctions du couple, la plus importante de

1. Fondation de France, *op. cit.*

ces institutions. Or la solitude est moins la conséquence de cette intervention que de la tournure qu'elle a prise. Car au lieu de faire en sorte de multiplier et de renforcer les liens, l'État a cherché à séparer les individus les uns des autres – sous prétexte de les protéger. Il a fait en sorte de créer une conflictualité permanente entre eux, ce qui lui a permis de prendre la position de tiers sauveur, de ciment négatif ou dissociatif du lien social.

Hormis la relation entre la mère et l'enfant qui a été non seulement préservée mais renforcée, les autres sont toujours suspectes. Comme si l'on courait davantage de risques en fréquentant les autres qu'en restant seul.

En bref, la première explication de l'explosion des solitudes serait la place de l'État dans les relations interindividuelles au détriment des instances sociales qui s'en chargeaient. L'État se présente désormais comme le grand réparateur des torts, comme l'émancipateur de l'individu de toute oppression venant de son prochain. Sa fonction étant de le sauver de ses groupes d'appartenance.

Pour y arriver il exige des individus des actes d'une bravoure toute particulière. Ils doivent faire abstraction de leurs attaches et dénoncer les abus dont ils sont victimes. C'est dans ce geste qu'ils identifient leurs intérêts à ceux de l'État en s'opposant aux règles de leurs cercles de sociabilité. Ce faisant, ce qui était exceptionnel dans le passé devient courant, se transformant en une source de violence sociale à part entière. Car le fait que cette dernière se pare de la légitimité de la loi ne lui enlève pas pour autant sa nature : il s'agit toujours de violence. Avoir le courage de dénoncer les personnes les plus proches pour les soumettre à la justice pénale est devenu une forme particulière d'héroïsme. Plus encore. Il s'agit de l'épreuve initiatique pour la constitution d'un nouveau type de sujet, émancipé de ses groupes d'appartenance et identifié à un État policier qui lui sait gré.

Les régimes totalitaires avaient cherché eux aussi à opposer les individus à ceux qui leur étaient le plus proches afin de fragiliser voire de détruire la fidélité qui existait entre eux. Hitler et Staline avaient promu la dénonciation des parents par les enfants, des maris par les épouses. À l'occasion des horribles purges que Staline organisa dans les années 1930, il avait poussé les élites du Parti à dénoncer leurs camarades de toujours, à envoyer leurs plus proches amis à la torture et à la mort. C'est ainsi que l'on prouvait qu'il n'y avait rien de plus grand ou de plus vrai que la fidélité au chef suprême. Plus encore : que les attaches politiques l'unissant à lui étaient plus importantes que toute autre.

Bien évidemment, les démocraties contemporaines ne visent pas à célébrer des chefs suprêmes. Ce qui compte pour elles c'est que par ces dénonciations on affirme le rôle de l'État comme ciment dissociatif du lien social auprès d'une population qui cherche à s'émanciper des groupes intermédiaires. C'est pourquoi cette forme de totalitarisme est interprétée paradoxalement comme une variante extrême de l'individualisme. En effet dans ce nouveau monde chacun pourrait faire sien le mot de Louis XIV : « L'État c'est moi. » Or loin de faire allusion à une plénitude de la puissance cette identification est le signe d'une guerre sourde ou éclatante, active ou en attente, que chacun livre contre les autres. Et aussi de l'amour que l'on voue à l'État en lui attribuant les fonctions psychologiques qui sont l'apanage des groupes de sociabilité. C'est ainsi que l'on peut expliquer les réclamations de reconnaissance à peine déguisées en demandes de droits. Les membres des minorités mais aussi les victimes de certains crimes ou accidents s'adressent à l'État comme s'il était un Père, une Mère, un Grand Frère qui doit reconnaître formellement ce qui leur est arrivé et y compatir.

Le problème actuel de la solitude semble emprunter cette même voie. Une bonne partie des solutions proposées[1] implique la présence de l'État en tant qu'infirmier, nounou ou assistant social, substituts au rôle qui écheyait aux groupes de sociabilité. Comme si après les avoir fragilisés il devait prendre en charge les tâches que ces derniers ne sont plus en mesure de réaliser.

On a parfois interprété ce phénomène comme étant le résultat de la transposition des règles de la société politique à la société civile. Comme si la démocratisation de la première (vote universel, vote des femmes, contrôle du respect des droits de l'homme par les cours constitutionnelles et internationales) s'était projetée dans les institutions de la sociabilité. Pourtant, rien ne semble moins vrai qu'un tel diagnostic. C'est le sujet faible de la société civile qui a fini par engloutir le citoyen démocratique.

En effet, la destruction des mailles de la sociabilité a miné la capacité des peuples à s'organiser et à résister. Car c'est l'attachement à des groupes formels ou informels qui donne aux individus des forces et des capacités qu'ils n'ont pas lorsqu'ils sont isolés. L'une des conséquences de ce nouvel agencement entre l'État et la société civile est que, outre produire des solitudes,

1. Voir les rapports de la Fondation de France, *op. cit.*

il a accouché d'un peuple politiquement désarmé pour se battre. Toutes les revendications d'une vie meilleure passent par des demandes que l'on adresse à l'État. On attend qu'il fasse et qu'il défasse, qu'il reconnaisse, qu'il donne, qu'il enlève, qu'il distribue, qu'il punisse. Et lui, il hésite et il se fait désirer. Il contente ou il déçoit, se mettant d'une manière permanente au centre de la politique. Car cet État qui a accouché de ces peuples endormis n'est pas l'expression de leur volonté agissante. Les peuples ne lui demandent pas qu'il devienne l'exécutant de leurs désirs et de leurs projets mais qu'il décide à leur place. Bref, cet ordre a détruit le pouvoir d'invention des nouvelles formes de vie sociale par la société civile.

Hypothèse

Même si les apôtres de notre modernité refusent de le reconnaître, le fait que l'État ait pris cette fonction dissociative du lien social a pour origine la structure familiale issue de la révolution des mœurs des années 1970. Si jadis la famille était centrée sur le mariage et donc sur le couple, dorénavant elle l'est sur les liens qui unissent la mère aux enfants. Tandis que le père, devenu le compagnon de la mère, est désormais une figure secondaire, incertaine et remplaçable. Son rôle étant de permettre à sa compagne de mener à bien le maternage grâce à sa contribution financière et affective[1].

1. La meilleure preuve de cette fonction masculine dans le couple c'est la précarité et la misère dans lesquelles se trouvent en France

Cette transformation a fait perdre au couple les fonctions qui lui avaient donné jadis beaucoup de force, notamment être le cadre de la bonne sexualité et des filiations légitimes, et assurer aux femmes une existence sociale. Dorénavant, il serait le « meilleur cadre » pour que ces dernières accomplissent leur maternité. Les autres fonctions, celles de procurer des satisfactions sexuelles et relationnelles, sont si précaires que l'on peut affirmer qu'en substance le couple n'a survécu que par son rôle dans le maternage[1].

Ce faisant, les femmes sont devenues les principales figures de la famille, celles qui ont à leur charge la reproduction biologique et sociale de la société. Ce rôle a été bâti à force de prérogatives et de privilèges non seulement en matière de procréation et de filiation mais aussi de sexualité. En effet, si cette dernière n'a pas pour seul cadre le mariage ni le couple, si la révolution des mœurs a dans ce domaine promis à tout un chacun la liberté, en réalité elle a subordonné celle-ci aux pouvoirs maternels.

C'est de la torsion entre la liberté sexuelle déclamée par notre modernité et les pouvoirs maternels qu'est né le crime sexuel moderne qui allait transformer de fond en comble le positionnement de l'État à l'égard de l'ensemble des liens de sociabilité. Il lui

---

les femmes qui sont à la tête des familles monoparentales. Misère non seulement économique mais aussi sociale, affective et sexuelle.

1. Or pour accomplir celui-ci il n'est même pas nécessaire que les membres du couple continuent de vivre ensemble jusqu'à la majorité des enfants si les femmes réussissent à remplacer la présence de leur compagnon par des compensations économiques suffisantes après une séparation. Et plus encore si le père prend en charge de temps en temps la fonction de nounou.

permettra de s'arroger une puissance de punir inédite et de se placer en tant que tiers dans des relations qui avaient été jusqu'alors plutôt opaques à l'appareil judiciaire.

Le fait pour ces crimes d'avoir conçu la sexualité non pas comme une liberté bafouée mais comme une atteinte au psychisme, comme un « traumatisme », a fait naître des infractions inédites qui allaient petit à petit s'étendre à l'ensemble des liens de sociabilité et les fragiliser. Le but de ces infractions étant de contrer l'emprise psychique que des individus exercent les uns sur les autres, comme si ce phénomène n'était pas présent dans chaque relation humaine qui compte ne serait-ce qu'un peu.

Ce processus a connu une évolution majeure quand ces manières de policer les relations interpersonnelles se sont introduites dans le couple lui-même. C'est alors que la force « séparatrice » de ces dispositifs a été redoublée. Désormais les violences sexuelles et psychiques sont plus sévèrement punies lorsqu'elles ont lieu au sein du couple qu'à l'extérieur de celui-ci. En effet, où cette menace que les autres représentent est-elle plus grande que dans les relations les plus intimes et les plus proches ?

Ces nouvelles dispositions ont fragilisé davantage le couple, perçu désormais comme le lieu de tous les dangers, notamment pour les femmes que la dépendance financière et la vulnérabilité physique positionnent d'emblée dans la figure du faible. Et alors que le couple avait été dans le passé une structure plutôt étanche aux yeux de la loi il est devenu le lieu où celle-ci déploie plus que nulle part ailleurs sa violence. On peut s'attendre à ce que cette institution disparaisse sous peu par la force corrosive d'une nouvelle législation qui ne semble jamais assez ferme et assez sévère pour punir les violences masculines dont la définition, par ailleurs, ne cesse de s'étendre.

Ce processus ne serait pas si inquiétant s'il n'était pas un pas de plus vers l'accroissement de l'isolement des individus. Il en va de même du contrôle que l'État exerce sur les rapports interpersonnels. Le problème est moins qu'un tel contrôle existe que sa fonction soit de séparer, d'isoler, d'opposer les individus les uns aux autres.

Or les conditions dans lesquelles la destruction du couple est en train de s'opérer ne laissent pas une grande place à l'optimisme. Tout fait penser que cela sera le point de départ d'une société de plus en plus désintégrée, atomisée et dépolitisée, dans laquelle l'isolement ne touchera pas une minorité mais la majorité de la population. Une société dans laquelle l'État redoublera sa violence afin de nous empêcher de nous approcher les uns des autres. C'est pourquoi il semble si urgent de prendre conscience de ce qui est en train de se passer si nous ne voulons pas transformer nos vies en des îles du désespoir semblables à celle sur laquelle le misérable Robinson Crusoé a croupi pendant vingt-sept ans. Des vies dans lesquelles il sera terriblement difficile d'être saisi par la force que donne la présence des autres en soi.

Afin de comprendre la nature de ce processus il est indispensable d'analyser les logiques institutionnelles dont il relève, de montrer qu'il est le résultat non pas d'une rupture mais d'une mutation du système familial issu des codifications napoléoniennes, et de la police étatique des liens de sociabilité qui l'a accompagné. Plus précisément d'un changement du statut de la sexualité hors mariage, qui après avoir été marginalisée, mise au ban, et méprisée – afin de protéger celle qui avait lieu dans le mariage –, est devenue la seule sexualité reconnue par nos institutions.

J'appellerai cette manière d'envisager l'entrée de la mauvaise sexualité dans le couple conjugal et ses effets destructeurs « l'hypothèse de Tolstoï », que j'analyse au début de cette étude. Dans *La Sonate à Kreutzer*, l'auteur de *Guerre et Paix* prophétisait que la libération de la sexualité deviendrait l'arme principale d'une guerre à mort qui allait miner l'ensemble des relations humaines et surtout celles qui ont lieu au sein du couple. Or s'il avait cru accuser ainsi la sexualité en tant que telle sa célèbre nouvelle nous fait comprendre le contraire. C'est la conjugalité, envahie par la « mauvaise sexualité », qui transforme les désirs et les plaisirs érotiques en expériences destructrices du couple et des liens qui s'y rapportent.

Je tenterai d'examiner aussi les issues qui se présentent à nous pour contrer le processus en cours et notamment la possibilité de penser à des alternatives au couple actuel et aux formes de sociabilité qu'il génère. Notamment d'envisager s'il est possible que la sexualité loin de séparer et d'opposer les individus les uns aux autres serve au contraire à les unir, à les associer afin de devenir un socle positif du lien social.

Or je me contenterai, si l'aspect analytique et critique de cet ouvrage arrivait à persuader mes lecteurs, de la nécessité de rompre d'une manière radicale avec le modèle actuel. C'est la seule condition pour nous diriger vers des années moins sombres que celles qui adviendront si nous laissons agir les forces politiques existantes sans leur résister.

I

L'hypothèse de Tolstoï

> *« Singulière propriété de la Civilisation, celle de faire naître la discorde d'un lien que chacun désire et d'avilir ceux qui consentent à le former. »*
>
> Charles Fourier

Aucun romancier n'a mieux décrit que Léon Tolstoï les travers du mariage d'amour alors que ce type d'union ne cessait de gagner la faveur de la bourgeoisie européenne depuis le milieu du XIXe siècle. Certes, la notion de mariage d'amour dont il est question dans *La Sonate à Kreutzer* est très différente de la signification que nous lui accordons aujourd'hui. Et pourtant, les éléments essentiels de notre modernité sont déjà présents, notamment le fondement sexuel du couple et la position subordonnée de la femme dans ces nouveaux arrangements conjugaux[1].

---

1. Dans sa nouvelle *La Parure* (1884) Guy de Maupassant montre comment à la fin du XIXe siècle la beauté des femmes était devenue un moyen puissant d'ascension sociale leur permettant d'épouser des hommes de classes plus élevées qu'elles. « Les femmes n'ont point de caste ni de race, écrit-il, leur beauté, leur grâce et leur charme leur

L'autre particularité de ce texte, c'est qu'il est aussi subversif et corrosif dans les descriptions psychologiques et institutionnelles qu'il est conservateur voire carrément ridicule dans ses prises de position sur la sexualité. C'est pourquoi je ne m'attarderai pas sur ce dernier aspect même si les critiques littéraires n'ont souligné que cela : un Tolstoï égaré qui condamne l'acte de chair, transi par ses délires mystiques et accablé par sa relation tourmentée avec son épouse[1].

Mais que voulait dire au juste le mariage d'amour en Europe à l'époque où Tolstoï écrivait *La Sonate* ? Selon les nouvelles théories en vogue les époux devaient se connaître, se plaire et se choisir au lieu d'obéir aux décisions de leurs familles. La bonne entente sexuelle était un gage de la durée des unions conjugales outre que cela devait mettre fin à l'adultère, à la débauche et à la chasteté forcée des épouses. Les médecins avaient cherché à promouvoir cette lente mutation, ces médecins contre lesquels Tolstoï proférera les pires invectives dans *La Sonate.* Ils ont même écrit des manuels pour instruire les époux dans l'art de faire jouir, d'arracher à l'autre des « spasmes

---

servant de naissance et de famille. Leur finesse native, leur instinct d'élégance, leur souplesse d'esprit sont leur seule hiérarchie, et des filles du peuple les égales des plus grandes dames », dans *La Parure et autres scènes de la vie parisienne,* Paris, Flammarion, « Étonnants classiques », 2001, p. 23.

1. Voir entre autres les beaux commentaires de Jean Freustié dans la préface de *La Sonate à Kreutzer* ainsi que la note de Sylvie Luneau dans le même volume, *La Sonate à Kreutzer* précédée par *Le Bonheur conjugal* et suivie par *Le Diable,* préface de Jean Freustié, traduction et notes de Sylvie Luneau et Boris de Schlœzer, Paris, Gallimard, « Folio », 1974.

génésiques ». Ils s'intéressent particulièrement à la jouissance féminine afin d'apprendre aux hommes – qui avaient acquis de l'expérience avec d'autres femmes « qui ne comptaient pas » – à contenter des épouses arrivées vierges au mariage.

En 1882 le médecin Jules Guyot écrivait que « l'ignorance ou la négligence des conditions physiologiques du mariage est également funeste. Leur connaissance et leur accomplissement amènent infailliblement la confiance et l'affection quand elles ne préexistent pas. Ils le fortifient ou les perpétuent, si elles existaient[1]. » Si jusqu'alors l'érotisme n'avait pas comme lieu privilégié le mariage et que l'épouse était perçue surtout comme la mère des enfants du mari, dorénavant elle deviendra aussi la maîtresse de celui-ci. Cette nouvelle donne devait entraîner des effets miraculeux : produire l'amour quand il n'existait pas, le fortifier et le perpétuer quand il existait déjà.

Or pendant cette seconde partie du XIXe siècle le mariage était très loin de nos conceptions actuelles. Le divorce quand il existait – en France il a été interdit entre 1816 et 1884 – était exceptionnel et considéré comme une transgression. Les femmes avaient un statut juridique diminué, elles étaient sous la tutelle de leur mari, comme des mineurs, elles n'avaient pas de droits politiques et commençaient à peine à investir les universités et le monde du travail. Dans les couches aisées de la population, elles étaient soutenues par leurs maris comme si le rôle d'épouse était

1. Jules Guyot, *Bréviaire de l'amour expérimental. Méditations sur le mariage selon la physiologie du genre humain*, préface de Sylvie Chaperon, Paris, Petite Bibliothèque Payot, 2012, p. 48.

une profession. C'est pourquoi on avait pu affirmer que « si la femme se distingue de la courtisane ordinaire c'est seulement parce qu'elle ne loue pas son corps à la pièce, comme une salariée, mais le vend une fois pour toutes, comme une esclave[1] ». Ou bien que l'homme, puisqu'il soutient l'épouse, a sur elle « une autorité souveraine qu'aucun privilège juridique n'a besoin d'appuyer. Dans la famille, l'homme est le bourgeois ; la femme joue le rôle de prolétaire[2]. » Dans un tel contexte, l'érotisation du mariage était une manière de légitimer et d'amplifier aussi l'exploitation sexuelle des femmes.

L'apparition du mariage d'amour en Europe a été contemporaine d'autres processus tout aussi importants, notamment la persécution de la débauche, qui s'est attaquée d'abord aux violences sexuelles et puis aux actes privés librement consentis. C'était le début de la période de répression sexuelle la plus importante de l'histoire occidentale[3]. On traquait les homosexuels, les personnes qui s'embrassaient dans les rues, on mettait des pantalons aux pianos victoriens. Mais surtout c'était le début de la lutte contre la contraception et contre l'avortement. Ce faisant, la morale sexuelle matrimoniale, d'abord promue, s'est vue limitée. On a cherché non seulement à décourager la sexualité prénuptiale et extraconjugale des femmes

1. Friedrich Engels, *L'Origine de la famille, de la propriété privée et de l'État* (1884), Paris, UGE, 1975, p. 148.

2. *Ibid.*, p. 152.

3. Voir à cet égard John Boswell, *Christianisme, tolérance sociale et homosexualité. Les homosexuels en Europe occidentale des débuts de l'ère chrétienne au XIVe siècle,* traduit de l'anglais par Alain Tachet, Paris, Gallimard, 1985.

mais aussi celle des hommes. Au moment où Sigmund Freud écrivait *La Morale sexuelle « civilisée » et la maladie nerveuse des temps modernes*[1] (1908), on conseillait aux époux de n'entretenir des rapports sexuels que pour concevoir des enfants. Et l'inventeur de la psychanalyse de se plaindre des maladies que ces renoncements au plaisir provoquent. Il n'empêche que ces débuts chancelants du mariage d'amour ont été l'une des transformations qui allaient permettre aux sociétés européennes de sortir du mariage de raison pour s'embarquer par des étapes successives vers le modèle conjugal actuel. Et c'est par ce fil ténu mais puissant que Léon Tolstoï est aussi notre contemporain.

Il semblerait que l'auteur d'*Anna Karénine* croyait aux nouvelles théories du mariage d'amour lorsqu'il se maria avec Sonia Bers en 1862. Après une longue vie de débauche et alors qu'il était déjà un écrivain très reconnu il épousa cette jeune femme de seize ans sa cadette. L'idée qu'il se faisait du mariage allait le conduire à renoncer entièrement à sa vie précédente, à ne pas tromper sa femme, à ne pas divorcer et à avoir avec elle une vie sexuelle active qui allait déboucher sur treize grossesses. Si ses observations sur le mariage d'amour sont si puissantes c'est parce qu'il a pris son propre couple comme objet de ses expériences littéraires, d'abord dans *Anna Karénine* (1877) et ensuite dans *La Sonate à Kreutzer* (1889). Ces deux textes qui témoignent des vicissitudes de son ménage sont si étroitement liés l'un à l'autre qu'il est impossible d'analyser le second sans tenir compte du

1. Dans *La Vie sexuelle*, traduit de l'allemand par Denise Berger et Jean Laplanche, Paris, PUF, 13e édition, 1997.

premier. En effet *La Sonate* est une véritable réfutation d'*Anna Karénine* à propos d'un point central de ce roman : celui du mariage comme « convertisseur » positif des élans sexuels des conjoints.

Première thèse : le mariage est un dispositif qui transforme le sexe en amour

L'idée d'*Anna Karénine* est venue à Tolstoï de la vue du cadavre déchiqueté par un train d'une jeune femme abandonnée par un homme marié, voisin de l'écrivain. Or son but était moins de condamner la société qui pousse les femmes adultères au suicide que d'expliquer pourquoi des relations de ce type sont vouées à l'échec, à la différence de celles qui ont le mariage pour cadre. Pour ce faire il met en scène une histoire d'adultère très atypique qui va lier Anna Karénine au comte Alexis Vronski.

Anna est mariée à Alexis Karénine, un haut fonctionnaire impérial gentil et sans fantaisie avec qui elle a un enfant qui la remplit de joie. Mais la jeune femme n'est pas amoureuse de son mari. Or cela ne la gêne point parce qu'elle n'a éprouvé ces émotions envers aucun autre homme. Elle est « pure » jusqu'au jour où elle rencontre Vronski et qu'une sorte de démon entre en elle en plein milieu d'un bal. Après une longue série de péripéties, de repentirs, de regrets et de décisions radicales elle abandonne son mari et son fils pour partir avec son amant. Certes, elle aurait pu vivre sa passion d'une manière clandestine comme le faisaient tant de couples dans le milieu aristocratique auquel elle appartenait. Son propre mari avait accepté qu'elle le fasse. Or si Tolstoï avait poussé son héroïne à admettre un tel compromis il n'aurait pas pu décrire le développement sans entraves de cette relation. Et c'est cela qu'il cherchait. Le même souci explique que Vronski soit célibataire et très riche. Cela permet au couple de vivre relativement éloigné de la société qui le condamne tout en étant entouré d'un cercle d'amis qui apprécient et qui admirent la modernité et le courage d'Anna.

L'erreur de la jeune femme est d'avoir pensé que l'absolu de sa passion allait être plus fort que les conventions sociales. Que ces dernières n'allaient pas finir par détruire la première. Or petit à petit Anna comprend que les penchants que Vronski a éprouvés pour elle ont été remplacés par la promesse de ne jamais la quitter, promesse née de la politesse et de la culpabilité de son amant. Et elle s'est mise aussi à douter de l'amour qu'elle lui portait. Il lui paraissait non plus de l'amour mais une sorte de dépendance au milieu d'un monde qui lui était toujours hostile. Ce que Tolstoï cherchera à éclaircir c'est la nature de l'erreur de jugement d'Anna, c'est-à-dire pourquoi une telle relation n'était pas viable en dépit de la passion, la bonne foi et la droiture des deux amants.

Pendant qu'il écrivait ce roman l'hypothèse de Tolstoï était que les relations amoureuses qui ne s'appuient que sur l'authenticité des sentiments des protagonistes sans le soutien de la société sont condamnées à périr par manque de force. Par son rejet de cette union, par le fait qu'elle se désintéresse de leur sort, la société enferme les amants dans un huis clos dans lequel la passion s'éteint lentement. Plus que cela. Si la passion donne le sentiment d'être un avec l'autre, le cadre concubinaire ne peut que séparer les amants. Livrés à eux-mêmes ils n'ont pas les moyens de se protéger des assauts de la société. Anna ne cessait de penser que beaucoup de femmes chercheraient à épouser Vronski et que tout le monde trouverait cela normal. Car aux yeux de la société le couple qu'elle formait avec lui n'en était pas un. Et moins encore une unité indivisible et permanente. Ce regard social n'octroie aucun relais aux amants lorsqu'ils doutent de leurs sentiments. Bien au contraire. Il les précipite beaucoup plus vite dans la longue nuit du désamour.

Ce faisant, la société triomphe même dans les recoins les plus intimes des êtres et des relations qu'ils nouent. Un peu comme si Roméo et Juliette s'étaient suicidés parce qu'ils avaient compris qu'ils ne s'aimaient plus. En bref, la passion amoureuse qui semble si puissante et absolue – et comme séparée de toutes les circonstances extérieures – n'est qu'illusoire quand elle ne peut s'appuyer que sur elle-même. Au lieu du bonheur il y a la satiété, l'ennui, la routine, la solitude. Et cette désillusion provoque la méfiance, la haine, les reproches et les remords.

Lorsque Anna se jette sous le train elle cherche à se venger de Vronski qu'elle croit épris d'une autre femme. C'est un suicide qui a valeur de meurtre de son amant mais aussi de la relation qu'elle a nouée avec lui. Car aux yeux de Tolstoï ces relations ne peuvent pas durer. Et par le désespoir qu'elles provoquent elles sont dans la plupart des cas condamnées à mourir de mort violente car le sexe se transforme en désir de destruction.

Pour mieux souligner la misère de ce type de relations Tolstoï décrit le bonheur conjugal de Lévine et de Kitty, qui ressemble à celui qu'il entretenait à l'époque avec sa propre épouse. Une passion dans le cadre du mariage, au lieu d'étouffer, se renforce et se donne un avenir. Elle soude deux êtres et les multiplie grâce à leur descendance. L'inscription de la relation dans la société lui assure, par ailleurs, une fonction et un but. Et Lévine sait que cette histoire, rien ne pourra la rompre. C'est cette impossibilité qui donne aux avatars des sentiments une autre portée. Lévine dit que, quand il se dispute avec Kitty, c'est comme s'il avait mal au dos. Leurs conflits ne sont pas en tout état de cause de ceux qui pourraient conduire un couple à rompre comme il arrive quand l'un ou l'autre des partenaires cherche l'amour véritable dans les bras d'un tiers. En bref, le mariage transforme la passion en amour, le sexe en tendresse et en attachement perpétuel. Il se sert de la passion comme d'une nourriture pour fabriquer des sentiments qui sans la nier l'entourent, la perpétuent, la subliment, la civilisent.

Et le mariage sauve Lévine, cet être torturé qui ne trouve pas le moindre sens à la vie, accablé par des soucis théologiques et métaphysiques, toujours tenté par la mort. Il lui donne une assise, le ramène à la réalité, le réconcilie perpétuellement avec le monde dans un mouvement contraire de celui d'Anna qui ne cesse de s'éloigner de la société et même de la réalité à mesure que sa relation avec Vronski sombre.

Ce faisant, même si Tolstoï n'aime pas l'attitude de la société envers ces liaisons transgressives – ne cite-t-il pas le *Deutéronome* dans l'épigraphe du roman : « À moi la vengeance et la rétribution » –, il la justifie. La passion sexuelle a besoin d'être absorbée dans le mariage, seule institution susceptible de lui permettre de s'ancrer, de se multiplier, de durer, de se transformer en amour véritable et non pas en désir de destruction. Comme si d'une certaine manière Tolstoï avait approuvé la condamnation d'Anna Karénine, tout en prétendant le contraire. En bref, dans ce roman Tolstoï rend hommage au mariage d'amour aussi bien contre le concubinage que contre le mariage de raison. Car cette vieille institution, loin d'entrer en crise avec le mariage d'amour, se renforce, prend un nouveau souffle. Plus encore. Car le nouveau mariage se rapproche des conceptions chrétiennes. C'est par le biais du sexe qu'il peut donner aux époux le sentiment d'accomplir ce délire qui consiste à ne faire qu'un avec l'autre. Alors que le mariage de raison insulte et dégrade cette institution.

Pourtant, les véritables raisons du suicide d'Anna allaient s'embrouiller dans l'esprit de Tolstoï. Juste après la publication du roman l'écrivain est victime d'une crise religieuse, mystique, politique[1]. Il découvre la puissance de l'amour de Dieu et se sent appelé à une vie d'ascétisme et d'action politique au profit des démunis et des persécutés. Il s'est donné pour objectif de devenir un saint et il y est presque arrivé – au point que l'Église orthodoxe finira par l'excommunier. Il se rend compte alors que ses relations avec les femmes et notamment avec la sienne l'avaient détourné de sa vocation véritable. Comme si pendant de nombreuses années le sexe avait affadi sa passion pour l'humanité.

1. Léon Tolstoï, *Confession* (1881), traduit du russe par Luba Jugerson, Paris, Pygmalion, « Biographies », 1998 ; et Christiane Rancé, *Tolstoï. Le pas de l'ogre*, Paris, Points, 2015.

Par la suite, Tolstoï allait considérer *Anna Karénine* comme une trahison à l'homme qu'il avait toujours, au fond de lui, voulu devenir.

Cette révolution personnelle et intellectuelle allait agacer au plus haut point son épouse, trop attachée aux biens matériels que son mari avait honte de posséder et cherchait à distribuer. C'est ainsi que l'adorable Kitty se transforma en une horrible sorcière, et entre elle et son mari il n'y eut par la suite qu'une cruelle mésentente. Pourtant, celui qui était considéré comme le plus grand écrivain de tous les temps, ce prophète mondialement célébré qu'il était devenu après sa conversion n'a jamais réussi à quitter sa femme – sauf quelques jours avant sa mort. En dépit de leurs nombreuses disputes il a toujours fini par se soumettre à elle, comme un petit chien râleur. Et il semblerait que le sexe ait été pour beaucoup dans cette soumission incompréhensible. Il n'empêche qu'il se sentait libre de disposer d'elle comme il le souhaitait dans ses écrits et aussi de réfléchir sans la moindre censure à sa terrible situation conjugale. Il en arrivera à la conclusion que rien n'est plus affreux que le sexe dans le mariage. C'est ce qu'il exprimera avec génie dans *La Sonate à Kreutzer*.

Seconde thèse : le mariage est un dispositif qui transforme le sexe en une énergie destructrice

Dans cette nouvelle le narrateur rapporte la conversation qu'il a eue dans un train avec Pozdnychev, un individu qui, rongé par la jalousie, avait tué son épouse. Or, loin de se contenter de raconter son histoire, le meurtrier parle de lui-même comme s'il était une victime parmi d'autres d'une nouvelle forme de conjugalité violente, néfaste et destructrice : le mariage d'amour. « J'ignorais alors, dit-il, que quatre-vingt-dix-neuf pour cent des ménages vivent dans l'enfer où je vivais et qu'il ne pouvait en être autrement. J'ignorais encore cela et pour les autres et pour moi-même. »

C'est pourquoi au début du récit et avant de rester en tête à tête avec le narrateur, Pozdnychev participe à une conversation avec d'autres passagers à propos des nouvelles pratiques conjugales. Il se place d'une manière franche et directe en pourfendeur des préjugés ambiants et attaque vivement les opinions d'une femme qui sans la moindre originalité selon le narrateur fait l'éloge de l'amour dans le mariage.

« Aimer toute sa vie un homme ou une femme cela revient à dire qu'une chandelle peut brûler pendant toute la vie, dit-il en aspirant avidement la fumée de sa cigarette.

– Mais vous parlez uniquement de l'amour charnel. N'admettez-vous donc pas un amour fondé sur la communauté d'idéals, sur une affinité spirituelle ? dit la dame.

– Affinité spirituelle ! Communauté d'idéals ! répéta-t-il en faisant entendre ce gémissement qui lui était particulier. À ce moment-là, ce n'est pas la peine de coucher ensemble, pardonnez ma grossièreté. Est-ce à cause d'une communauté d'idéals que les gens couchent ensemble ? »

La rupture avec ses thèses précédentes est opérée d'emblée. Certes, dans *Anna Karénine* il ne confondait pas non plus le désir sexuel et l'amour. Ce dernier n'était qu'une conséquence du mariage. Or ici, cette institution ne semble plus en mesure d'opérer cette métamorphose. En revanche, elle en opère une autre : le mariage transforme le sexe en une énergie destructrice. Et ces émotions funestes auront raison du mariage lui-même, qui ne sera plus en mesure d'accomplir les fonctions et les buts qui lui sont dévolus.

Mais Tolstoï ne se contente pas de nous surprendre avec des théories abstraites. Pozdnychev fait le récit méthodique et détaillé de son mariage d'amour. Il commence par ses dispositions, par ses intentions matrimoniales qui étaient les mêmes que celles de l'auteur lorsqu'il épousa Sonia. Bien qu'il ait eu une longue vie de débauche avant de rencontrer sa femme, Pozdnychev avait décidé de ne pas la tromper ni de se séparer d'elle. Par ailleurs, dit-il, son choix il ne l'avait pas fait par intérêt économique. Il était riche et comptait subvenir seul aux besoins de son foyer. Et il avait choisi son épouse en raison du désir qu'elle avait suscité en lui. Le désir ensorcelle et fait paraître la plus idiote des femmes comme la plus intelligente, la plus mesquine comme la plus généreuse, dit l'assassin. Or si l'homme cherche à assouvir ses désirs en se mariant, le but de la femme est d'échanger ses services sexuels contre une position sociale doublée d'une emprise psychique sur son mari. Les femmes sont des « commerçantes » d'elles-mêmes tandis que pour les hommes elles sont des instruments désirants de jouissance. Car le désir pour l'homme qu'elles épousent est parti de ce qu'elles vendent en se mariant. Comment pourraient-elles donner du plaisir à leur mari si elles n'éprouvaient pas du désir pour lui ? Ce faisant, les personnes ne se mettent pas ensemble par une quelconque affinité spirituelle ou caractérielle mais parce qu'elles n'en ont aucune. Car aussi bien le désir sexuel que le commerce ne permettent pas de faire des choix de cette nature. Ce manque d'affinité fait naître une haine infinie envers la personne que l'on a épousée.

« J'appelle cela une querelle, dit-il, ce n'était pas une querelle, mais seulement la révélation de l'abîme qui en réalité nous séparait. Nos désirs s'étaient épuisés dans la satisfaction de nos sens, et nous restions l'un face à l'autre dans nos véritables rapports, c'est-à-dire, deux égoïstes parfaitement étrangers l'un à l'autre, désireux de recevoir le maximum de plaisir l'un par l'autre. J'ai appelé querelle ce qui s'était passé entre nous. Ce n'était pas une querelle mais simplement la manifestation de nos véritables rapports par suite de l'apaisement de notre sensualité. Je ne le compris pas, car cette hostilité, les premiers temps, fut rapidement recouverte par un nouveau sursaut de notre sensualité échauffée, c'est-à-dire, par le désir. »

On est alors très loin de l'idée de l'unité en un seul être du mari et de l'épouse que l'on retrouve dans *Anna Karénine* et qui était le miracle qu'opérait le mariage. Ou plutôt le mariage opère cette unité mais elle ne sera que la forme particulière que prendra la haine. Celle-ci conduira à chercher non seulement la destruction de l'autre mais aussi la sienne. « C'est cet enfer effroyable qui amène les gens à boire, à se tirer une balle de revolver, à supprimer, à empoisonner le partenaire et soi-même », dit Pozdnychev. Et cela arrive aux personnes sincères et non pas à celles qui vivent dans la supercherie, ajoute-t-il. À celles qui croient au mariage d'amour, au fait qu'il doit durer, qu'il s'agit de la meilleure manière de vivre en couple. Et les enfants, loin de neutraliser cette haine, ne sont que des occasions de son expression. Les enfants sont des objets de désunion, des instruments de combat. Chacun avait son préféré qu'il faisait jouer contre l'autre conjoint.

L'entrée en scène de Troukhatchevski, le violoniste avec qui l'épouse jouera du piano, va exacerber la crise du couple. Pozdnychev souffre le martyre car il n'est pas sûr que sa femme le trompe. Parfois il croit que c'est faux. Il hésite sans cesse entre le suicide et le meurtre, en bon prisonnier de cette unité matrimoniale. « Ce qui était horrible, dit-il, c'est que je me reconnaissais un droit incontestable, absolu sur son corps, comme s'il avait été mon propre corps, et qu'en même temps je sentais que je ne pouvais pas être maître de ce corps, qu'il n'était pas à moi et qu'elle pouvait en disposer comme elle voulait et que son désir d'en disposer n'était pas conforme au mien. [...] Je voulais qu'elle ne désirât pas ce qu'elle devait désirer. »

Or un jour et sans que rien vienne confirmer ses soupçons il cherche à surprendre sa femme et le violoniste en rentrant chez lui à l'improviste. Il les trouve en train de discuter le plus innocemment du monde dans le salon. Il tente de tuer le musicien mais sa femme l'en empêche et c'est elle qui est tuée sauvagement. C'est seulement quand il la voit agonisante qu'il perçoit en elle un être humain et non pas un animal transi de désir, l'approche de la mort l'ayant libérée du carcan mortifère du mariage.

Le meurtre de l'épouse de Pozdnychev équivaut au suicide d'Anna Karénine. Celle-ci se donne la mort pour se venger de Vronski qu'elle soupçonnait de la tromper ou de chercher à le faire. Le héros de *La Sonate* tue sa femme pour les mêmes raisons. Les deux relations étaient également viciées, aucune n'est supérieure à l'autre, sauf que celle de Pozdnychev est approuvée par la société, ce qui la rend plus dangereuse et plus avilissante. Car le mariage dit d'amour, ne pouvant accomplir les fonctions et les buts qui lui sont conférés – associer pacifiquement deux personnes dans un projet de vie permanent et élever des enfants en tant qu'êtres autonomes –, détruit l'institution elle-même.

Or Tolstoï ne va pas au bout de sa logique, aveuglé qu'il était par ses préjugés chrétiens sur les péchés de la chair. En effet, après avoir fait sa démonstration des processus par lesquels le mariage transforme le sexe en haine et s'autodétruit, il accuse le sexe d'être la cause de cette corruption. Une force diabolique incapable de se soumettre au moindre but social valable, éminemment antisociale et égoïste. Argument classique de tous les trafiquants de moralisme qui cherchent à expliquer encore aujourd'hui qu'il faut que le sexe soit enchaîné telle une bête si l'on ne veut pas que la civilisation périsse[1]. Si ce n'est que pour de tels moralistes le mariage voire le couple concubinaire est le lieu de la bonne sexualité, tandis que Tolstoï affirme ici qu'il en est le pire. Voilà ce qui fait basculer sa théorie en autre chose qu'un vulgaire moralisme antisexuel.

---

1. Voir par exemple Maurice Godelier, *Métamorphoses de la parenté*, Paris, Fayard, 2004, p. 481, 490-492, qui soutient que la sexualité humaine a un caractère intrinsèquement asocial. Aucune société ne pourrait dès lors survivre sans enfermer les pulsions dans des normes qui leur assignent des buts acceptables.

Et comme il ne veut voir ni savoir ce qu'il vient néanmoins d'énoncer, il n'a de meilleure idée dans sa postface explicative que de conseiller une abstinence sexuelle généralisée y compris dans le mariage. En faisant bien évidemment une petite exception pour procréer et sans oublier que c'est dégoûtant.

Tandis que s'il était arrivé au bout de ses raisonnements il aurait dû en conclure que le problème n'est pas le sexe mais la manière dont les institutions le façonnent. C'est à cause de cela et non pas des qualités qui seraient inhérentes à l'énergie sexuelle qu'une fois entrée dans le mariage celle-ci devient une machine de destruction.

En effet, l'érotisation de l'épouse légitime coexistait avec le mépris que l'on portait aux prostituées, aux filles séduites, aux maîtresses, aux femmes adultères et aux actes qu'on accomplissait avec elles. Était-il donc possible de ne pas porter un regard avili sur l'épouse lorsque cette dernière sortait de son rôle pour se transformer en maîtresse ? Et était-il possible pour le mari de ne pas s'avilir à son tour en pratiquant un acte dégradant pour son épouse ? N'est-ce pas cela que veut dire Tolstoï quand il écrit :

« Aujourd'hui, on émancipe, on lui accorde tous les droits de l'homme, mais on continue de la considérer comme un instrument de jouissance, on l'éduque dans ce sens dès l'enfance et par l'opinion publique. Aussi reste-t-elle une esclave, humiliée, pervertie, et l'homme reste un possesseur d'esclaves corrompu. »

Dans le mariage de raison la sexualité pratiquée avec les prostituées, avec les maîtresses, avec les filles perdues était la négation du devoir conjugal, du pouvoir bestial que s'arrogeait le mari sur l'épouse. Celle-ci n'était pas avilie parce qu'elle ne choisissait pas, parce qu'elle obéissait, parce que c'était son devoir. La sexualité hors mariage impliquait en revanche un dénigrement des femmes qui y consentaient et le plaisir qu'elle procurait n'était pas voué à souder les partenaires mais à les individualiser, à les confronter, à les séparer. C'est cette mauvaise chose qui s'est introduite subrepticement dans le couple conjugal, transformant ce dernier par antiphrase en mariage d'amour. Si l'on suit l'hypothèse de Tolstoï, le couple contemporain est ce qui a résulté de l'introduction dans le mariage de raison du « mauvais sexe » qu'il avait fabriqué pour se protéger contre les formes de sexualité concurrentes, pour imposer le monopole qu'il avait exercé sur la sexualité et les filiations légitimes. Comme si, d'une certaine manière, le mariage de raison, après avoir voué aux gémonies toute la sexualité qui n'avait pas lieu en son sein, après l'avoir façonnée comme étant nuisible et diabolique, avait été attaqué par elle. La question est de savoir pourquoi l'introduction de ce « mauvais sexe » dans le mariage est plus grave encore que lorsqu'il reste dans son lieu d'origine, c'est-à-dire dans les relations hors mariage, comme l'affirme Tolstoï.

Pour le comprendre il faut se rapporter aux effets que produit le mariage à l'extérieur du couple. Car c'est la sexualité conjugale qui structure, tel un modèle, l'ensemble des rapports sexuels qui ont lieu dans la société. Elle les rend intelligibles, elle les ordonne, elle les façonne. Le mariage de raison produisait cette intelligibilité par opposition. Il y avait d'un côté les droits sexuels que l'époux exerçait sur l'épouse et il y avait de l'autre les relations extraconjugales qui avilissaient les femmes et confrontaient les partenaires. Tandis que le mariage d'amour produira une intelligibilité par gradation. Dans une échelle continue le couple conjugal sera placé au sommet.

Le meilleur exemple est celui du concubinage. Dans un modèle d'opposition, cette forme d'union sera d'autant plus dégradée qu'elle imite le mariage. Beaucoup plus qu'une relation passagère. Tandis que dans le modèle de la gradation, le concubinage sera mieux considéré qu'une relation passagère précisément parce qu'il ressemble au mariage. En bref, dans ce second cas le mariage n'agit pas en détruisant les relations concurrentes mais en se positionnant comme modèle des autres. Plus elles lui ressembleront et mieux elles seront considérées. Cette nouvelle position institutionnelle prise par le mariage du temps de Tolstoï expliquera pourquoi les effets de la mauvaise sexualité seront encore plus violents que lorsque cette dernière avait lieu dans les relations hors mariage. Si d'une part il va légitimer ces dernières – n'ont-elles pas lieu aussi dans le mariage ? –, de l'autre elle déploiera sans limites – car elle est désormais légitime – sa nature destructrice. Le « mauvais sexe » ne se contenterait plus d'avilir les partenaires et notamment les femmes comme c'était le cas avec la sexualité hors mariage. Il risquerait de détruire l'institution elle-même, l'empêchant de remplir les buts pour lesquels elle avait été créée.

C'est ce retournement qui allait finir par mettre en miettes le couple conjugal, le nôtre, celui qui en dépit de tous ses travers nous est cher et familier. Et si le bon sexe barbare qu'exerçait le mari sur l'épouse, celui qui n'était pas nuisible, a disparu, nous ne vivrions désormais que sous l'empire du « mauvais sexe » fabriqué par le mariage de raison et que nous prenons à l'instar de Tolstoï comme étant le sexe en soi.

Il semble donc indispensable de mettre cette hypothèse à l'épreuve en décrivant brièvement les institutions qui à partir du début du XIXe siècle ont construit le « mauvais sexe » que la révolution des mœurs des années 1970, loin d'avoir aboli, a généralisé. Cela permettra de mieux comprendre comment ces déplacements et ces retournements se sont opérés pour façonner notre présent et notre avenir.

Même si l'hypothèse de Tolstoï ne vaut que pour un système comme le nôtre qui est passé d'un mariage de raison à un autre d'amour, qu'elle ne vaut donc que pour décrire cette mutation qui s'est opérée ces deux derniers siècles, elle est indispensable pour comprendre où nous en sommes et surtout comment nous sommes devenus ce que nous sommes.

Il est impossible de clore ce chapitre sans préciser que la terrible guerre que se sont livrée Tolstoï et son abominable épouse a été gagnée par cette dernière. Après quarante-huit ans de mariage Tolstoï a enfin décidé de quitter Sonia en s'échappant littéralement d'elle en pleine nuit. Il a pris un train et puis un autre et le surlendemain il a été obligé de descendre du troisième dans la petite gare d'Astapovo car il était sur le point de mourir d'une pneumonie. Le train qui a tué Anna Karénine, le train dans lequel Pozdnychev raconte à un autre passager le meurtre de son épouse. Comme si Sonia avait été l'instrument de la vengeance de toutes les héroïnes de fiction que son mari a malmenées, injuriées, torturées, suicidées, assassinées.

II

Le mariage et le « mauvais sexe »

> « ... *l'usage naturel qu'un sexe fait des organes sexuels de l'autre est une* jouissance, *pour laquelle chaque partie se livre à l'autre. En cet acte l'homme fait de lui-même une chose, ce qui contredit au droit de l'humanité en sa propre personne. Cela n'est donc possible qu'à une condition : à savoir que tandis qu'une personne est acquise pour l'autre* comme une chose, *la première acquière aussi l'autre à son tour réciproquement ; en effet, elle se reconquiert ainsi elle-même et rétablit sa personnalité. Mais l'acquisition d'un membre en l'homme est en même temps acquisition de la personne tout entière, car celle-ci est une unité absolue ; il s'ensuit que l'offre et l'acceptation d'un sexe pour la jouissance d'un autre ne sont pas seulement admissibles sous la condition du mariage, mais qu'elles ne sont possibles que sous cette seule condition*[1]. »
>
> Emmanuel Kant

Le mariage issu de la codification napoléonienne s'était arrogé le monopole de la bonne sexualité.

---

1. *Métaphysique des mœurs* (1797), I, « *Doctrine du droit* », § 24-25, traduit de l'allemand par A. Philonenko, Paris, Vrin, 1979.

Afin que les choses soient ainsi, le Code civil qualifiait d'illicites et d'immoraux les actes sexuels hors mariage. Lorsque ces actes n'étaient pas punis par le droit pénal, ils étaient seulement « tolérés », tel un mal que l'on ne peut pas extirper des comportements humains et dont il faut essayer d'adoucir les méfaits.

La conséquence la plus importante de ce classement de la sexualité s'exprimait dans les filiations. Le statut de ces dernières (légitimes, naturelles, adultérines et incestueuses) dépendait, en principe, de l'acte sexuel qui avait été à l'origine de l'enfant. Et je dis bien en principe parce que nous verrons que le seul fait pour une femme d'être mariée faisait naître la présomption, très difficile à écarter, selon laquelle l'enfant qu'elle mettait au monde avait comme géniteur le mari.

Le monopole de la bonne sexualité que s'arrogeait le mariage n'avait pas un sens religieux. Napoléon disait que cette institution « ne dérive point de la nature mais de la société et des mœurs[1] ». C'est pourquoi il ne venait pas racheter un acte qui autrement ne serait que « fornication » comme le voulait une vieille doctrine chrétienne[2]. Le fait qu'un acte

1. Antoine-Clair Thibaudeau, *Mémoires sur le Consulat*, 1788-1804, par un ancien conseiller d'État, Paris, Ponthieu, 1827, p. 439.

2. Saint Paul, Première épître aux Corinthiens, VII. À la différence du droit de l'Ancien Régime, l'État ne chercherait plus à punir ce qui était considéré comme un vice selon la morale ou comme un péché selon la religion. Il avait promis de s'abstenir d'intervenir dans la sphère sexuelle à moins que des actes de cette nature soient nuisibles à l'ordre social. C'est ainsi que tous les crimes dans lesquels le sexe avait été lié à l'hérésie ont disparu de la loi française, notamment la sodomie, l'inceste et la zoophilie. Cette philosophie pénale faisait de la France un exemple de modernité

sexuel ait lieu dans ou en dehors du mariage n'était lié à aucune forme de transcendance. Ce qui comptait était que les amants aient adhéré à cette institution ou qu'ils aient osé la défier ou l'ignorer. Le mariage était un ordre social, un cadre institutionnel dont le but était d'organiser « convenablement » les relations entre les époux et entre ces derniers et leurs enfants. Ce qui voulait dire dans la logique napoléonienne : d'une manière inégalitaire, autoritaire et quasi policière.

1. Le bon sexe matrimonial

La sexualité matrimoniale, dite légitime, avait comme lieu d'expression le « devoir conjugal », qui était un droit que les époux pouvaient exiger l'un de l'autre et dont l'origine est très ancienne[1]. Conçu

parmi les nations européennes. Pendant la même période en Allemagne et en Angleterre, et jusqu'au milieu du XXe siècle, on punissait sans relâche d'anciens crimes « contre nature », notamment l'homosexualité. En Suisse le concubinage était considéré comme un délit jusqu'à la fin du XIXe siècle. « Vous allez voir disparaître cette foule des crimes imaginaires qui grossissaient les anciens recueils de loi », avaient déclaré les rapporteurs du Code pénal de 1791 devant l'Assemblée constituante. M. Lepeletier de Saint-Fargeau, « Rapport sur le projet de Code pénal fait au nom des comités de constitution et de législation criminelle », séances du 22 mars et 23 mai 1791, dans Pierre Lascoumes, Pierrette Poncela et Pierre Lenoël, *Au nom de l'ordre. Une histoire politique du code pénal*, Paris, Hachette, 1983, annexes, p. 329.

1. Depuis le droit canonique, le mariage octroyait aux conjoints des droits sur le corps de l'autre tant pour la femme que pour le mari, pour les riches que pour les pauvres, pour les sains que pour les malades, droits qu'on pouvait faire valoir devant un juge. L'astreinte pratiquée au Moyen Âge par l'officialité de Paris imposait

comme une sorte de service ou de dette, il consistait dans l'exécution du coït vaginal et excluait tout autre acte « anormal » ou « contre nature ». Les juges ont été très sévères dans la condamnation des « déviations » dans la prestation de ce noble service[1]. Y compris quand celles-ci consistaient à imposer à l'autre conjoint l'usage de moyens contraceptifs.

Hormis cette réciprocité du devoir conjugal, le mari était investi de pouvoirs sexuels sur son épouse qui n'avaient rien d'égalitaire. En effet, la puissance maritale qu'il exerçait sur cette dernière dans l'ensemble de la vie civile s'exprimait aussi par ses pouvoirs sexuels. Il pouvait faire appel à la force publique pour la faire revenir au domicile. Il pouvait aussi obtenir l'exécution du devoir conjugal par la force. Cela signifie qu'il n'avait pas l'obligation de demander le consentement de l'épouse pour coucher avec

---

aux maris indolents de connaître charnellement leur épouse deux fois par semaine. René Picard, *La Communauté de vie conjugale*, étude canonique, thèse, Paris, 1929, p. 18 ; et Elizabeth M. Makowski, « *The Conjugal Debt and Medieval Canon Law* », *Journal of Medieval History*, vol. 3, n° 2, Amsterdam, juin 1977. Voir aussi Marta Madero, *La Loi de la chair. Le droit au corps du conjoint dans l'œuvre des canonistes (XIIe-XVe siècle)*, Paris, Presses de la Sorbonne, 2015.

1. Ainsi les juges affirmaient-ils que le mari avait imposé à sa femme des relations intimes « contre nature, [des] pratiques honteuses aussi compromettantes pour la santé de la jeune femme que pernicieuses au moral [...] des caresses honteuses et des attouchements qu'aucune honnête femme ne saurait supporter ». Arrêts cités par Jean-Paul Branlard, *Le Sexe et l'état des personnes*, Paris, LGDJ, p. 350. Cet auteur n'a trouvé qu'une exception à ce rigoureux principe dans un arrêt du tribunal civil de la Seine du 20 janvier 1908, qui justifie les attouchements hors nature pratiqués par le mari sur sa femme au motif « qu'ils n'ont pas été commis avec cruauté ou méchanceté ni avec la volonté de porter atteinte à la vie ou à la santé de son épouse mais dans le but de se l'attacher davantage », *ibid.*

elle. Cette dernière était censée lui obéir sans lui résister.

C'est pourquoi, en dépit des nombreuses plaintes d'épouses brutalisées, aucun juge n'avait admis l'existence du viol du mari[1]. Cela explique que tant d'auteurs aient affirmé que dans le mariage la femme était une « esclave sexuelle », une « prolétaire », la propriété de son mari. Les juristes pensaient – et cela jusqu'à très récemment – que lorsque les époux se disaient « oui » devant le maire cela valait consentement pour l'ensemble des relations sexuelles qu'ils allaient entretenir dans l'avenir. Sauf, bien entendu, lorsque ces actes n'étaient pas des pénétrations vaginales. Dans ce cas, il fallait le consentement de l'épouse, qui avait la liberté d'accepter ou de refuser ces « immoralités ». Cette doctrine n'allait être révisée qu'en 1990 lorsque pour la première fois la Cour de cassation a condamné un homme pour le viol de son épouse. Par ailleurs, jusqu'à la loi Naquet de 1884 qui a rétabli le divorce, le mari pouvait violer sa femme même lorsqu'ils étaient séparés de corps sans encourir la moindre sanction.

Ce pouvoir sexuel du mari sur l'épouse se manifestait aussi dans la manière de considérer l'adultère de l'un et de l'autre. Lorsque cet acte était commis par celle-ci il s'agissait d'un délit. Pour qu'il soit constitué il suffisait d'un seul rapport sexuel. Tandis que l'adultère du mari était une simple contravention passible

1. Chambre criminelle de la Cour de cassation, 19 mars 1910, n° 265, voir Marcela Iacub, « Le crime était presque sexuel, une histoire juridique du viol (XIXe-XXe siècles) », dans *Le crime était presque sexuel, et autres essais de casuistique juridique*, Paris, Flammarion, « Champs », 2003, p. 29-49.

d'une amende et la loi s'appliquait si la maîtresse habitait dans le domicile conjugal[1].

Pourtant, cette inégalité dans le traitement de l'adultère était largement compensée. La présomption de paternité donnait à l'épouse le pouvoir d'imposer à son mari un enfant qu'elle avait conçu avec un autre homme. En effet, le Code stipulait que les enfants conçus pendant le mariage avaient pour père le mari, et il était très difficile pour un homme d'écarter cette présomption par le désaveu de paternité[2]. Et cela, même en cas d'adultère avéré.

L'époux pouvait donc avoir accès à son épouse y compris par la force, et ce même après la séparation des corps. Il pouvait avoir autant de maîtresses qu'il

---

1. Sans compter que l'Administration avait mis en place dès le Consulat un service prostitutionnel qui lui permettait d'avoir accès aux « filles de noce » enfermées dans des bordels et soumises à des contrôles vexatoires. Alain Corbin, *Filles de noce*, Paris, Flammarion, « Champs histoire », 2015.

2. La présomption de paternité était contenue dans l'art. 312 du Code civil qui stipulait : « L'enfant conçu pendant le mariage a pour père le mari. » Le désaveu qui visait à écarter la présomption de paternité ne pouvait être exercé que par le mari et il était soumis à des délais très brefs. Le mari pouvait désavouer l'enfant s'il prouvait que pendant la période de la conception de l'enfant il avait été par cause d'éloignement dans l'impossibilité physique de cohabiter avec son épouse. Il pouvait aussi écarter la présomption de paternité en invoquant son impuissance mais celle-ci devait être accidentelle et visible et non pas naturelle et invisible. Si elle était naturelle on considérait qu'il était de sa faute à lui de s'être marié dans cet état. Il pouvait aussi désavouer l'enfant s'il prouvait que celui-ci avait été conçu au cours d'une procédure de divorce ou de séparation des corps, mais la femme pouvait opposer qu'il y avait eu pendant cette période une « réunion de fait ». Même en cas d'adultère avéré le mari ne pouvait désavouer l'enfant que si la naissance de l'enfant lui avait été cachée. Dans ce cas il pouvait prouver par tous les moyens qu'il n'était pas le père.

voulait dans la mesure où elles ne demeuraient pas au domicile conjugal. Tandis que l'épouse, outre le droit de se plaindre devant le tribunal civil de la non-exécution du devoir conjugal, avait le privilège de « blanchir » les enfants de son adultère en les attribuant à son époux.

Or même si ces deux privilèges étaient directement ou indirectement de nature sexuelle ils ne se justifiaient pas l'un par l'autre. Car le pouvoir de violer n'avait au fond rien à voir avec celui de s'assurer que la femme ne mettrait pas au monde des enfants que l'époux n'avait pas engendrés. En effet, il aurait été absurde de chercher par le biais d'un viol à garantir que les enfants issus du ventre de son épouse étaient bel et bien du mari. Le fait d'être violée par lui n'excluait pas par ailleurs la possibilité d'avoir conçu l'enfant avec un autre homme. C'est plutôt le délit d'adultère qui aurait pu avoir cette fonction. Mais même cela n'était pas ainsi. Car, comme je l'ai signalé, l'adultère même avéré ne permettait pas en tant que tel d'écarter la présomption de paternité.

Le droit civil ne s'intéressait pas de savoir si le mari avait *vraiment* engendré l'enfant né de son épouse. Il se contentait de présomptions, d'indices, d'apparences qui pouvaient faire croire que l'enfant était issu de l'acte sexuel des deux époux. Parfois cela donnait lieu à des situations des plus invraisemblables, comme le fait pour un couple de blancs d'avoir un enfant légitime métis. Ce n'étaient pas les « apparences » sociales qui comptaient mais plutôt celles qui portaient sur les dates de la conception. Et cela non pas parce qu'on manquait de preuves certaines comme aujourd'hui pour établir la vérité des filiations. Le droit de l'Ancien Régime dans lequel la science était encore plus incertaine n'hésitait pas, par les procédures les plus variées, à les rechercher. La réalité étant que le désaveu de paternité était une procédure très limitée car le Code civil cherchait à protéger les enfants nés des femmes mariées[1]. Et si jamais cette action était admise, elle empêchait que la filiation s'établisse à l'égard de la mère aussi bien que du père. En bref, ce rapport si flou à la vérité des filiations paternelles était lié à ce pouvoir des épouses d'imposer à leur mari une paternité lorsque ce dernier n'était pas le géniteur.

Les pouvoirs du mari de violer son épouse ne se justifiaient pas non plus par les fondements ni par les finalités du mariage. Tandis que dans l'ancien droit la validité de cette institution dépendait d'un acte sexuel réel et vérifiable, dans le Code Napoléon c'est le mariage qui faisait naître une présomption d'une sexualité et d'une filiation réelles sans que quiconque puisse venir les constater. Dans le droit de l'Ancien Régime un mariage n'était valide que s'il était consommé : les juges s'introduisaient dans le lit des époux pour le vérifier[2]. Tandis que les magistrats du XIXe siècle n'ont déclaré aucun mariage nul pour impuissance même lorsque les époux étaient dépourvus d'organes sexuels nécessaires à l'accouplement[3].

---

1. Voir Marcela Iacub, *L'Empire du ventre. Pour une autre histoire de la maternité*, Paris, Fayard, 2004, p. 41-52.

2. Voir Pierre Darmon, *Le Tribunal de l'impuissance*, Paris, Seuil, 1979.

3. Voir « Le mariage des impuissants » dans Marcela Iacub, *Le crime était presque sexuel et autres essais de casuistique juridique, op. cit.* Cette jurisprudence n'allait changer qu'en 1858 lorsque pour la

Leur explication était que le mariage n'était pas fondé sur une sexualité naturelle et véritable. Il était l'« union spirituelle » de l'homme et de la femme. Plus : un arrêt de la Cour de cassation de 1903[1] avait établi qu'il suffisait qu'ils aient l'apparence d'un homme et d'une femme. Le concubinage, à la différence du mariage, avait un fondement sexuel, mais il était jugé illicite et immoral par le droit civil – et le sera jusqu'en 1970.

Les pouvoirs sexuels du mari sur l'épouse n'étaient voués ni à s'assurer la vérité des filiations, ni à valider les fondements et les finalités du mariage. Ils ne peuvent s'expliquer que par les fonctions qui lui échoyaient au sein de cette institution. En tant que chef de famille il devait gouverner son épouse[2] et leurs enfants. Il était obligé de les « protéger » et pour

---

première fois des juges de Grenoble annulèrent le mariage d'un impuissant. Voir Gérard Cornu, « Centenaire », *Dalloz*, 1962, p. 215.

1. Recueil Dalloz (depuis 1945) 1904-1-395 ; S 1904-1-273 : « ... doit être cassé l'arrêt qui prononce la nullité du mariage, à raison que les organes constitutifs du sexe féminin font défaut à la femme, si bien que loin d'établir que le sexe de la femme soit méconnaissable ni qu'il soit identique à celui de son mari, l'arrêt tout en déclarant qu'elle est dépourvue d'organes génitaux internes constate expressément qu'elle présente toutes les apparences extérieures du sexe féminin. »

2. Le Code civil stipulait : « Le mari doit protection à sa femme, la femme doit obéissance à son mari. » L'épouse était juridiquement incapable et ce jusqu'en 1838. Celle-ci devait porter le nom marital, habiter avec son mari, se soumettre « aux devoirs conjugaux ». C'était le mari qui administrait les biens du ménage et dans certains cas ceux de la femme. Le Code n'avait pas prévu que la femme puisse gagner un salaire ou tenir un commerce. Ce n'est qu'en 1907 qu'est institué le libre salaire de la femme mariée.

La mère n'était pas associée aux décisions relatives aux enfants sauf si elle devenait veuve, et encore avec un tuteur. Les enfants devaient demander une autorisation pour se marier et ce au-delà de la majorité légale.

ce faire le droit napoléonien lui avait conféré des moyens violents et autoritaires. La puissance paternelle lui donnait le pouvoir d'enfermer ses enfants dans des maisons de correction pendant plusieurs mois. Le droit du mari de faire appel à la police pour faire rentrer son épouse au domicile conjugal et de la violer était cohérent avec cette logique autoritaire qui visait l'instauration d'un type de pouvoir dont la brutalité et l'arbitraire contribuaient à augmenter le prestige.

Pourtant, l'État avait délégué aux maris de tels pouvoirs moins pour leur propre profit que pour celui de l'institution dont on leur avait confié la charge. C'est ainsi que sous des allures viriles et imposantes l'époux pouvait être obligé d'être un joyeux cocu et s'y faire. Il n'était au fond qu'un *pater familiae* romain de pacotille qui a été très vite mis à sa place, même si le mouvement féministe actuel adore l'évoquer sous les allures d'un ogre tout-puissant et appeler le régime auquel il appartenait « patriarcat ».

Ces deux pouvoirs exorbitants, celui de violer son épouse et d'imposer au mari l'enfant d'un autre, ont façonné *par opposition* le « mauvais sexe », c'est-à-dire la sexualité et les filiations hors mariage.

a. Le droit de consentir au « mauvais sexe »

Si le mari voulait entretenir des rapports avec d'autres femmes, celles-ci devaient « consentir ». Il en allait de même des hommes célibataires. Ils ne pouvaient pas se passer de cette autorisation des femmes parce qu'elles n'étaient pas leurs épouses. Sinon, ils pouvaient être accusés de viol. Or, à la différence du

« oui » que l'on donnait devant le maire et qui valait jusqu'à la dissolution du mariage, le consentement sexuel était précaire, provisoire, et il n'engageait pas la femme au-delà de l'acte qu'elle avait accepté d'accomplir.

Pour les femmes non mariées ce pouvoir qu'on leur octroyait de consentir ou de ne pas consentir à un rapport sexuel n'avait pas exactement la même signification que pour les hommes. Les relations extraconjugales étaient non seulement une souillure pour elles qui pouvaient, si jamais la liaison était connue, perdre leur réputation et la possibilité de trouver un mari. Elles les exposaient aux plus grands dangers notamment celui de tomber enceintes alors que les recours dont elles disposaient si leur amant ne voulait ou ne pouvait les épouser étaient restreints. Si elles ne voulaient subir le déshonneur d'être des filles mères, elles pouvaient pratiquer un avortement illégal avec les risques que cela impliquait, ou abandonner leur enfant en sachant le sombre destin qui attendait ce dernier. La recherche de paternité naturelle était interdite et la jurisprudence ne leur a accordé le versement de dommages et intérêts avec beaucoup de parcimonie que vers le milieu du XIXe siècle. Ainsi, le droit qu'avaient les femmes célibataires de consentir à un rapport sexuel avec un homme était contrecarré par leur impuissance à lui imposer une paternité. C'étaient donc des pouvoirs *opposés* à ceux qu'avaient les épouses à l'égard de leur mari.

Certes, le géniteur pouvait reconnaître l'enfant sans se marier avec la mère même si le statut d'une telle filiation était très amoindri au regard de celui des enfants légitimes[1]. C'était une filiation « pauvre », comme tout ce qui relevait du « mauvais sexe ». Ainsi, à la différence de la filiation légitime qui était indivisible, car les enfants naissaient du « mariage », la filiation naturelle liait l'enfant séparément avec chacun des auteurs d'une reconnaissance. En outre, tandis que la filiation légitime rattachait l'enfant à toute la famille de ses parents, la filiation naturelle se limitait à créer des liens entre l'enfant et ses parents sans atteindre leurs familles respectives. L'enfant naturel n'était pas soumis à la puissance paternelle et il ne pouvait aspirer qu'au tiers de la succession de ses parents. Qui plus est, la misère de cette institution était telle qu'un enfant naturel pouvait être reconnu par plusieurs pères à la fois sans que le dernier à le faire ait à contester la paternité précédemment établie. Les enfants adultérins et incestueux, en revanche, ne pouvaient pas être reconnus[2].

La femme célibataire était, en ce qui concerne la sexualité, la plus maltraitée du système, tandis que les hommes célibataires, hormis l'obligation de demander le consentement de leur partenaire, étaient ceux qui jouissaient du plus de liberté. Ils pouvaient reconnaître ou ne pas reconnaître des enfants de leurs maîtresses et même les épouser, à la différence des hommes mariés.

1. La proportion des enfants nés hors mariage est restée relativement limitée. Elle était d'environ 6 à 7 % jusqu'à la veille de la révolution des mœurs. Au XIXe siècle, la moitié des enfants naturels étaient abandonnés. Voir Marcela Iacub, *L'Empire du ventre*, *op. cit.*, p. 341.

2. Voir Romuald Szramkiewicz, *Histoire du droit français de la famille*, Paris, Dalloz, 1997, p. 105.

En bref, la notion de consentement sexuel des femmes s'appliquait à celles qui entretenaient des rapports sexuels hors mariage, donc c'était un acte qui signifiait qu'elles acceptaient de se souiller et de courir des risques immenses. Et j'ai déjà signalé que la jurisprudence exigeait le consentement des femmes mariées lorsque le mari cherchait à leur imposer des pratiques « hors nature » qui n'entraient pas dans la notion de devoir conjugal. On était encore ici devant une souillure, quelque chose d'illicite et d'immoral que seul le consentement de l'épouse pouvait racheter.

Pourtant, la notion de consentement telle que nous la connaissons aujourd'hui n'est apparue dans la jurisprudence qu'au milieu du XIXe siècle. Auparavant, pour que les juges considèrent qu'il y avait eu viol, il fallait que la femme montre qu'elle avait résisté à l'assaillant de toutes ses forces. Il faut attendre un arrêt de la Cour de cassation de 1857[1] pour que la notion moderne de consentement soit enfin énoncée. C'est une curieuse histoire qui est à l'origine de cette décision. Une femme endormie avait été pénétrée par un ami de son mari, qui s'était fait passer pour celui-ci en s'introduisant dans son lit. Depuis, les juges considèrent que le consentement doit être conscient et manifeste, et donc qu'il ne peut pas se déduire de la seule impassibilité de la femme[2].

---

1. Chambre criminelle de la Cour de cassation, 25 juin 1857 : S. 57-1-711.

2. Cela explique qu'il ait fallu attendre une loi de 1832 pour qu'on instaure une minorité sexuelle à l'âge de 11 ans. Auparavant on ne pénalisait pas les rapports sexuels avec les mineurs sans violence. Voir Michèle Bordeaux, Bernard Hazo et Soizic Lorvellec, *Qualifié viol*, Genève, Méridiens Klincksieck, 1990.

Ce rapport que le droit du XIXe siècle avait instauré entre le mariage et le viol expliquait que ce crime était défini en fonction du devoir conjugal. Selon la jurisprudence il s'agissait d'une pénétration vaginale non consentie commise sur une femme autre que son épouse[1]. Tous les autres actes non consentis entre adultes étaient des attentats à la pudeur avec violence. Et loin d'être considérées traumatisées comme aujourd'hui, les victimes étaient souillées et risquaient d'être débauchées par les crimes qu'elles avaient subis.

b. Le public et le privé

La seule infraction pénale qui sortait de cette logique sexuelle matrimoniale était l'« outrage public à la pudeur » (art. 330 du Code pénal) qui interdisait que l'on exhibe la sexualité en dehors de certains lieux ou de certains cadres sociaux tenus pour privés[2]. Même les personnes mariées qui accomplissaient leur devoir conjugal étaient obligées de respecter cette limite. Celle-ci était fondamentale pour le système mis en place par les codifications napoléoniennes et elle était liée au type de gouvernement de la société civile voulu par elles. Celles-ci avaient instauré un mur qui séparait le monde privé du monde public et l'État s'était promis de ne point pénétrer

1. La loi ne définissait pas le viol. C'était la jurisprudence qui l'avait fait ainsi : « Le coït illicite avec une femme qu'on sait ne point consentir », cité par Garçon, *Code pénal annoté,* Marcela Iacub, *Le crime était presque sexuel, op. cit.*, p. 32.

2. Pour analyse de cette question, voir Marcela Iacub, *Par le trou de la serrure. Une histoire de la pudeur publique (XIXe-XXIe siècle),* Paris, Fayard, 2008.

dans le premier sauf dans des cas ponctuels et exceptionnels. C'était à la société civile de gouverner les rapports que les individus entretenaient en son sein[1], dans le monde privé, avec les dispositifs qui lui étaient propres. Cela a donné lieu à une société autogouvernée par les cercles de sociabilité familiaux, amicaux, de voisinage, de travail, qui étaient opaques à l'appareil judiciaire. Ces instances intermédiaires étaient parfois formelles, comme la famille, et d'autres étaient informelles, comme le cercle de connaissances.

Ce mur qui séparait le monde privé du monde public explique que l'État se soit tant désintéressé de pénaliser les violences ou les autres transgressions aux règles liées à la sexualité pendant la première moitié du XIXe siècle. De ce fait, si les violences sexuelles ont été très peu poursuivies, ce n'était pas lié au machisme comme on le suppose aujourd'hui – le droit était suffisamment machiste pour qu'on explique par ce même motif le laxisme de l'appareil judiciaire. Ce dernier ne montrait pas plus d'intérêt à poursuivre et à pénaliser la contraception et l'avortement[2]. Et si les enfants abandonnés pouvaient entamer des recherches en maternité – alors que celles en paternité étaient interdites –, la procédure était très difficile voire impossible si la femme l'avait décidé ainsi[3].

---

1. C'est pourquoi dans une société qui connaissait une grande liberté sexuelle il y avait une représentation publique de la sexualité très retenue, ce dont témoigne, entre autres, l'interdiction de publications licencieuses.

2. Voir la note 1 page 66.

3. La recherche en maternité naturelle ne pouvait être entamée qu'envers des femmes célibataires qui avaient laissé des preuves écrites de l'accouchement et de l'identité de l'enfant.

Dans le même temps, les épouses pouvaient faire semblant d'avoir accouché d'un enfant dont la mère était une femme célibataire sans que personne d'autre que le mari puisse mettre en question ces filiations[1]. C'est aussi cette volonté politique de déléguer aux instances intermédiaires le contrôle de la sexualité qui explique que pendant la première moitié du XIXe siècle la société française ait été aussi licencieuse, et ce dans toutes les couches de la population. Et les lois si strictes en matière d'adultère ne semblaient pas être de mise, tout au moins si l'on se fie, entre autres, aux romans de Balzac et aux écrits de Charles Fourier. Il n'empêche que ces arrangements étaient très fragiles. La liberté sexuelle qui a régné pendant la première moitié du XIXe siècle cachait un véritable dégoût politique pour les choses du sexe[2]. C'est ainsi qu'à partir de 1840 les pouvoirs publics en ont eu assez de tant de licence et sont partis en croisade pour civiliser l'anarchie intolérable des mœurs.

2. La crise du mariage napoléonien : la montée en puissance du « mauvais sexe »

À partir du milieu du XIXe siècle le mariage sera assailli lentement mais fermement par une force politique qui s'attaquera tout autant à la délégation du

1. Voir Marcela Iacub, *L'Empire du ventre, op. cit.*, consacré à l'analyse historique de ce pouvoir qu'avaient les femmes mariées et qu'elles ont perdu avec la révolution des mœurs.

2. Preuve de ceci était le traitement accordé à la prostitution. Le bordel était considéré comme un « égout séminal » censé satisfaire des nécessités tout à la fois vitales et répugnantes.

pouvoir politique aux maris – en amoindrissant les inégalités entre hommes et femmes et les abus du pouvoir paternel sur les enfants, en réinstaurant le divorce – qu'à la puissance que cette institution exerçait vers l'extérieur. C'est-à-dire au pouvoir qu'elle avait de dégrader les liens, les actes, les institutions qui lui étaient concurrents et qui avaient été jusqu'alors autant de moyens de protéger son prestige et sa puissance.

Or cette lutte double menée à l'intérieur et à l'extérieur du mariage n'a pas seulement visé à créer une institution moins abusive et plus égalitaire. Le but des réformateurs a été aussi de détruire petit à petit le mariage et la société civile autogérée qui était son corollaire afin que chaque individu soit surveillé, jugé et gouverné par l'État lui-même. C'est pour mener à terme cette entreprise que ce dernier s'est appuyé sur le « mauvais sexe » avec les armes dont il disposait et avec d'autres qu'il allait bientôt inventer.

a. Investir le « mauvais sexe » par le droit pénal

Le premier volet de cette guerre a été l'augmentation des poursuites pour violences sexuelles. Les statistiques judiciaires révèlent que, depuis les années 1840, il y a eu une croissance exponentielle[1] du nombre de personnes condamnées pour crime sexuel, au point qu'on pourrait la comparer à celle que la France a connue depuis les années 1980. Certes, cela est dû en partie à un changement en matière de minorité sexuelle, qui était de 11 ans en 1832 et de 13 ans en

1. Marcela Iacub, *Par le trou de la serrure*, *op. cit.*, p. 133.

1863. Pourtant le plus important a été la volonté ferme de combattre les fléaux que ces crimes entraînaient, c'est-à-dire la corruption des jeunes et des femmes.

Or à partir des années 1870 les condamnations pour viol et pour « attentat à la pudeur » diminuent. Ce que l'on poursuivra désormais, ce sont les actes sexuels consentis ou non consentis dans les lieux privés comme ceux réalisés dans les maisons d'habitation sous prétexte qu'ils avaient eu lieu devant un « public ». Désormais 50 % des agressions sexuelles seront jugées comme des « outrages publics à la pudeur ». Cette infraction pénale a servi à moraliser la vie sexuelle pacifique de la population ainsi qu'à punir moins sévèrement les violences. L'important était que l'État casse l'opacité des familles, des cercles de connaissances, des lieux fermés. C'est ainsi que commença une croisade morale afin de s'attaquer au vice et à la débauche qui régnaient dans la société civile, là où les cercles de sociabilité avaient auparavant le droit de contrôler et de juger selon des normes propres les actes sexuels consentis. À la suite de cette révolution juridique, même les maisons d'habitation ont dû être réaménagées avec une chambre parentale dans laquelle personne ne puisse entrer, en particulier pendant que les époux se livraient à leur devoir conjugal.

La société française fut à tel point heurtée par ces nouveaux dispositifs de persécution judiciaire qu'il y eut de belles pièces de théâtre consacrées à ce problème[1]. Comment et pourquoi l'État aurait-il le droit

1. Georges Courteline, *L'Article 330*, et Georges Feydeau, *Ne te promène pas toute nue*, voir les analyses de ces pièces et de leurs pouvoirs critiques dans Marcela Iacub, *Par le trou de la serrure, op. cit.* p. 119-130.

de surveiller ce que les gens font pacifiquement chez eux ? Et, alors qu'on ne pouvait plus se promener nue chez soi – pour parler comme Feydeau –, une certaine libéralisation des exhibitions érotiques apparut aussi bien dans les spectacles que dans les tenues vestimentaires que l'on portait dans les rues ou sur les plages. C'est ainsi qu'a débuté un processus paradoxal dont nous sommes les héritiers dans lequel plus l'on réprime les actes sexuels, plus la nudité et l'érotisme sont l'objet d'une exhibition publique.

Ce faisant, les juges se sont immiscés dans la vie sexuelle des gens, et cela leur était égal que celle-ci soit violente ou pacifique. Ce qui comptait était que les amants ou les bourreaux et leurs victimes se cachent dans des lieux dont les portes ne puissent pas être ouvertes, les fenêtres fermées et les trous des serrures bouchés. La sexualité qui avait été si librement vécue jusqu'au milieu du XIXe siècle est devenue ainsi une activité inquiétante, aussi bien pour les criminels que pour les amants de passage et même pour les époux. Surtout pour eux, car d'un point de vue numérique ils étaient plus concernés par ces poursuites que les autres. Et si les époux pouvaient continuer à violer leurs épouses, ils ne pouvaient plus le faire sans fermer la porte à clé ni devant une fenêtre à travers laquelle ils pouvaient être aperçus.

b. Surveiller les grossesses, promouvoir les enfants naturels, sexualiser les filiations paternelles

Si jusqu'à la fin du XIXe siècle les femmes étaient rarement inquiétées[1] lorsqu'elles faisaient appel à la contraception et à l'avortement, à partir du début du XXe siècle on mettra en place des dispositions pénales draconiennes. Certes, on invoquait des arguments natalistes pour justifier ces mesures. Il n'empêche qu'elles ont eu un effet très important sur la place de la grossesse comme événement juridico-politique au regard des pratiques précédentes. Cette emprise de l'État sur le ventre des femmes allait doucement faire naître le souci du contrôle par elles-mêmes de la grossesse jugée désormais cruciale. En outre, si les femmes mariées avaient pu faire semblant d'accoucher d'enfants qu'elles n'avaient pas portés grâce aux procédures d'opacité mises en place par le droit du mariage, ces simulations seront désormais moins tolé-

1. Non seulement le système des abandons et des accouchements secrets organisait la disparition civile des enfants mais il y a eu une grande tolérance à l'égard de l'avortement jusqu'à la fin du XIXe siècle. Les historiens estiment qu'un tiers seulement des accusés étaient condamnés. Le nombre d'accusés par an fut en moyenne de quarante et un entre 1826 et 1880, avec treize ou quatorze condamnations par an. Ce n'est qu'entre 1885 et 1888 que les accusations passèrent à deux cents par an ; voir Rachel Fuchs, *Poor and Pregnant in Paris. Strategies for Survival in the Nineteenth Century*, New Brunswick, Rutgers University Press, 1992, p. 184. D'ailleurs l'avortement était étendu à toutes les couches sociales, et ce n'est qu'à la croisée des siècles qu'il fut assimilé à un crime antinational et antipatriotique en même temps que s'imposait l'idée de la recherche en paternité ; voir Jean-Yves Le Naour et Catherine Valenti, *Histoire de l'avortement*, Paris, Seuil, 2003, p. 13.

rées. Cela a encore contribué à accroître l'importance de la grossesse.

La première loi d'adoption de mineurs de 1923 tracera implicitement une frontière entre les enfants biologiques (ceux nés du ventre des femmes qui sont en même temps leurs mères) et les autres, en amorçant un phénomène qui aura la plus grande importance par la suite : l'apparition d'une nouvelle catégorie de filiation qui ne se distinguait pas en fonction du mariage ou du non-mariage des parents. Ce qui comptera, c'est que les enfants soient nés des femmes qui deviendront leurs mères légales.

Un mouvement analogue frappa la paternité. Alors que la filiation paternelle dans le mariage était relativement indifférente à la vérité biologique, ce processus connaît un tournant à partir des années 1940. Une série de décisions jurisprudentielles a étendu les causes de désaveu de paternité. Notamment lorsque le père était atteint de certaines maladies qui le rendaient stérile[1]. Une jurisprudence de 1958 a par ailleurs porté un coup mortel à la théorie spiritualiste, c'est-à-dire non sexuelle, du mariage à la française en permettant à l'épouse de demander, dans certaines conditions, la nullité du mariage en cas d'impuissance du mari[2].

Dans le même temps, en 1912, on met en place la première législation sur la recherche de paternité[3],

1. Tribunal civil de Bordeaux, 7 février 1951, Recueil Dalloz (depuis 1945) 1951, 372 ; Nancy, 13 février 1957, Recueil Dalloz (depuis 1945) 1957, 679 ; Lille, 19 novembre 1946, Juris-classeur périodique (semaine juridique) 1947, 2, 3566.

2. Voir Marcela Iacub, « Le mariage des impuissants », dans *Le crime était presque sexuel, op. cit.* p. 75-91.

3. Cette action fut admise en cinq cas : enlèvement ou viol, séduction dolosive, aveu écrit de paternité, concubinage notoire

dans un cadre très strict, certes. C'est ainsi que tombera l'un des piliers du droit napoléonien qui interdisait que l'on attribue des conséquences juridiques aux relations sexuelles hors mariage en l'absence d'une volonté expresse de la part du géniteur de reconnaître une telle filiation. Cela est allé de pair avec une promotion du statut de l'enfant naturel qui s'est vu reconnaître davantage de droits notamment en matière successorale[1].

Au cours des décennies suivantes les magistrats commencent à faire des interprétations de plus en plus souples de la loi de 1912 afin de faciliter les actions en recherche de paternité. Une loi de 1955 permet aux femmes dans les cas où cette action n'était pas admise, notamment pour les enfants adultérins, de demander des subsides au père présumé. Cette loi contribue aussi à aligner la paternité naturelle sur la paternité légitime en interdisant qu'on puisse établir une deuxième filiation paternelle avant que la première ne soit contestée. Et la recherche de maternité naturelle s'est aussi élargie. La possession d'état et non plus seulement une preuve écrite pourront servir pour attester ce lien.

---

des parents supposés, participation du père prétendu à l'entretien et à l'éducation de l'enfant. Elle était interdite aux enfants incestueux et adultérins, enfermée dans des courts délais, assortie de sanctions pénales pour les demandeurs de mauvaise foi et d'une série de fins de non-recevoir dans des cas comme l'inconduite notoire de la mère.

1. Une loi de 1896 fait passer les droits successoraux des enfants naturels d'un tiers à la moitié. La loi du 2 juillet 1907 reconnaît aux parents naturels l'exercice de la puissance paternelle réservée jusqu'alors au père légitime. Voir Jean-Louis Halpérin, *Histoire du droit privé français depuis 1804,* Paris, PUF, 1996, p. 223.

Le statut des enfants adultérins a connu aussi une véritable amélioration grâce à l'élargissement des procédures de légitimation. En 1904 on leva l'interdiction du remariage entre l'époux adultère et son complice. Une loi de 1907 autorisera la légitimation des enfants adultérins si la mère se remariait avec son amant après un désaveu de paternité.

À partir des années 1950, la justice commence à poursuivre avec plus de sévérité que par le passé le viol des femmes adultes. Si dans les années 1920 et 1930 on compte une moyenne annuelle de treize à vingt-cinq condamnations, on en dénombre, dans les années qui suivent la Seconde Guerre mondiale et jusqu'en 1950, cent vingt-six. Ce chiffre restera plus ou moins stable jusqu'en 1980[1].

Cet ensemble de transformations allait donner une importance de plus en plus grande à ce qui était tenu jadis pour le « mauvais sexe », et elles attaqueront le mariage napoléonien aussi bien de l'intérieur que de l'extérieur. Si dans un premier temps cette force a paru répressive, son but était moins de punir que d'*investir* cette activité, dans la double acception de ce mot : *intervenir* et *octroyer de la valeur.*

Il était clair que cette attaque de l'institution matrimoniale à travers la promotion du « mauvais sexe » servait à la construction d'une société dans laquelle les individus allaient être surveillés directement par l'État sans pouvoir se protéger derrière les institutions intermédiaires. D'autant que celles qui sortiraient du

1. Michèle Bordeaux, Bernard Hazo et Soizic Lorvellec, *Qualifié viol*, *op. cit.*, p. 21-22 ; et Georges Vigarello, *Histoire du viol*, Paris, Seuil, 1998, p. 258.

« mauvais sexe » n'auraient pas la même force de lien des individus entre eux que le mariage.

Cela a eu comme conséquence, entre autres, que les quatre personnages nés de la codification napoléonienne : l'époux et l'épouse, l'homme et la femme célibataires, ont vu leurs pouvoirs sexuels transformés. Tandis que cette dernière qui était l'incarnation même du « mauvais sexe » gagnait de plus en plus de droits – c'est elle qui allait le plus en gagner d'ailleurs –, la femme mariée ne cessait d'en perdre. Et petit à petit l'homme célibataire se verrait soumis aux mêmes contraintes que l'homme marié alors que celui-ci allait se libérer de certaines d'entre elles.

Le mouvement dénommé « libération sexuelle » a été le dernier stade de ce processus. Son but a été d'achever le mariage comme institution maîtresse de la conjugalité, de la sexualité et de la filiation, afin que le nouveau monde du « mauvais sexe » avec la rationalité et les procédures qui lui étaient propres le remplace. Afin de fonder une société d'individus isolés les uns des autres par les logiques et par les peines de sexe.

III

La chute du mariage et le triomphe du « mauvais sexe »

> « *J'ai toujours pensé que les femmes, en tant que groupe social, présentent une structure assez semblable à la classe des serfs. Corvéables comme eux et, comme eux, attachées à ce qu'on peut comparer à la terre, la famille – là où une chèvre est attachée, il faut qu'elle broute*[1]. »
>
> Monique Wittig

Loin d'avoir aboli le mariage[2] la révolution des années 1970 s'est contentée de lui enlever ce qui en avait fait l'institution maîtresse de la société civile : le monopole de la bonne sexualité et de ses conséquences en matière de filiation. Dorénavant, le mariage est devenu un cadre légal dont la principale fonction est la création des liens de solidarité

1. « À propos du contrat social », dans Didier Eribon *et al.*, *Les Études gay et lesbiennes*, Paris, Centre Georges Pompidou, 1998, p. 57.

2. Ne l'a-t-on pas vu victorieux, se revendiquant comme une institution pour tous, désirable et généreuse, à l'occasion de son ouverture en 2013 pour les couples du même sexe ?

économique entre les époux. Et même cela il ne le fera pas d'une manière exclusive. Le concubinage et le pacs joueront dans les décennies qui suivront, même si dans une mesure moindre, un rôle analogue.

Si jadis les filiations dépendaient du bon ou du mauvais cadre dans lequel les relations sexuelles avaient eu lieu, cette hiérarchie s'est inversée. Ce sont les nouvelles règles de filiation qui vont déterminer la structure et la configuration du couple conjugal issu de cette révolution. En dépit de sa fragilité, ce dernier continuera à servir de modèle à l'ensemble de la sexualité non pas selon un schéma d'opposition comme dans le mariage napoléonien mais de gradation et de continuité. Dorénavant il ne sera plus question du sexe dans ou en dehors du mariage mais avec ou sans sentiments.

Figure centrale du dispositif familial et sexuel de la modernité, la maternité sera l'ensemble de normes juridiques et sociales qui condamnera les femmes à devenir des nounous volontaires. Cela va les cantonner à des activités professionnelles moins importantes et moins rémunérées que celles des hommes et les rendra dépendantes de leurs compagnons. Et il en sera de même avec la sexualité. La nouvelle dichotomie du sexe avec ou sans sentiments reconduira dans une grammaire différente la double morale de jadis qui différenciait les putes des honnêtes femmes. Comme si la révolution des mœurs s'était attachée à tout changer pour faire en sorte que rien ne change. Tout au moins en ce qui concerne l'émancipation des femmes.

1. Pauvres mères

Le droit de la filiation fut réorganisé autour de deux principes : celui de la vérité biologique et celui de l'égalité. Les fils et les filles ne seront plus issus d'une institution, le mariage, mais des protagonistes d'un acte sexuel fécondant. Le père sera non pas le mari ou le compagnon de la mère mais celui dont le sperme a fécondé cette dernière. Et la mère celle qui a accouché de l'enfant. Désormais il n'y aurait plus de distinction d'aucun ordre entre les enfants légitimes, naturels et adultérins. Tous auraient le même statut[1].

Or cet appel à la nature n'aura pas la même importance pour les hommes que pour les femmes. La réforme de 1972 qui posa les principes de la filiation moderne a exigé que l'accouchement soit un événement vrai. Les femmes ne pourraient plus faire semblant que cet acte ait eu lieu pour se procurer une descendance comme c'était le cas dans le passé. Celles qui oseraient défier cette règle majeure seraient sanctionnées par la loi pénale comme si elles avaient

1. Or d'autres inégalités surgiront dans le domaine des filiations, qui ne seront pas de la même nature que celles du régime précédent mais qui se fonderont cette fois-ci sur la coïncidence de l'accouchement avec les filiations. En bref, les enfants adoptés seront hantés par leurs origines, ce qui contribuera à affaiblir de plus en plus l'abandon d'enfants en vue de leur adoption. Même dans l'assistance médicale à la procréation quand les ovules et les spermatozoïdes ne viennent pas du couple parental il y aura une question, un hiatus, un problème qui réclamera une forme de vérité et de transparence pour apaiser la supposée souffrance des enfants. Voir Marcela Iacub, *L'Empire du ventre, op. cit.*

falsifié un document sacré et intouchable, et risqué de mettre en miettes l'ordre social.

En revanche, la paternité est beaucoup moins exigeante en matière de vérité biologique. Aucun mécanisme de vérification obligatoire avant ou après la naissance n'a été mis en place pour s'assurer que le lien paternel coïncide avec le lien de sang. À la différence de la rigueur avec laquelle on traite la vérité de l'accouchement, le fait pour un homme de reconnaître ou de ne pas contester la filiation d'un enfant dont il sait qu'il n'est pas le géniteur n'est passible d'aucune sanction pénale. Bien au contraire. Les paternités dites de complaisance sont admises tant qu'elles ne sont pas contestées. Et il y a certains cas où elles ne peuvent même pas l'être. Cette relative souplesse dans les rapports de la paternité avec la vérité biologique génère une grande instabilité dans les liens des hommes aux enfants. Ces derniers peuvent changer de père légal selon les stratégies conjugales des femmes mais aussi des hommes, à plusieurs reprises jusqu'à leur majorité. Le but de ces réformes étant que l'accouchement soit le point fixe autour duquel gravitent les filiations paternelles[1].

Dans le même temps, si les femmes ont droit à une procréation et à une filiation volontaires il n'en sera pas de même pour les hommes. En effet, tandis

1. C'est pourquoi, pour instituer les maternités anonymes afin que les femmes abandonnent leurs enfants à la naissance, la loi de 1994 a dû s'appuyer sur une fiction : faire comme si l'accouchement n'avait pas eu lieu. Or cette institution était à tel point grinçante pour cet « empire du ventre » que la jurisprudence n'a pas cessé de la détourner au point qu'aujourd'hui elle n'assure plus l'anonymat de la femme.

qu'elles disposent de la contraception, du droit à l'avortement et de l'accouchement sous X, il suffit d'une seule relation sexuelle pour qu'un homme puisse être père contre son gré. Comme si la paternité était une sanction alors que la relation sexuelle dont elle résulte n'est pas un acte illicite ou immoral. Qui plus est, il n'est même pas nécessaire que la relation sexuelle en question ait eu lieu avec la femme qui tombera enceinte pour qu'un homme soit contraint à devenir père. Le droit actuel est conçu d'une telle manière qu'il suffit à une femme de récupérer du sperme d'un homme – que celui-ci a pu déposer dans un préservatif et jeter dans une poubelle – pour qu'après s'en être inséminée elle puisse l'obliger à devenir le père légal de l'enfant. Un peu comme si les hommes étaient devenus des filles mères de jadis y compris dans le déshonneur – car si jamais ils se plaignent de leur sort ils sont traités de salauds ne voulant pas assumer leurs actes. Sans doute la différence avec les filles mères de jadis est que pour ces nouveaux pères forcés la paternité dans le déshonneur n'est pas « toute leur vie ».

En bref, la volonté des réformateurs a été de construire une filiation dont le socle soit le rapport biologique entre la mère et l'enfant, seul indestructible et incontestable car fondé sur l'accouchement. Et si l'on a choisi cet événement ce n'est pas par le seul fait de la coexistence intra-utérine. Le droit à l'avortement donnerait à l'accouchement une dimension beaucoup plus puissante. C'est parce que la femme aurait pu tuer le fœtus qu'elle portait, alors qu'elle l'a laissé naître, que ces liens sont censés être à tel point uniques et fondateurs. Les enfants doivent leur vie à leur mère et non pas à leur père.

Voilà l'une des principales conséquences du droit à l'avortement que l'on souligne rarement : celle de produire un « sujet mère » qui devient l'unique « cause » de la naissance d'un enfant. Tandis que le père aura un rôle beaucoup plus modeste : il financera la mère – tout comme il apportera ses spermatozoïdes pour fabriquer le fœtus dont celle-ci disposera toute seule. Et il pourra aussi de temps à autre faire office de nounou – parfois aimante, souvent fainéante – afin d'assister la femme dans son maternage.

On m'objectera que les constructions juridiques seules ne sont pas suffisantes pour expliquer que les femmes aient accepté avec tant de joie la première place dans la prise en charge des enfants[1]. Or la mère est le plus puissant des sujets juridiques construits par notre modernité. Elle décide seule des questions aussi importantes et vitales que le fait de faire naître ou d'avorter, d'abandonner ou de ne pas abandonner l'enfant, de lui attribuer ou de ne pas lui attribuer un père. Et elle décide aussi pour les hommes avec qui elle a conçu sa descendance. Elle peut leur imposer une naissance non voulue ou au contraire les priver de celle qu'ils attendaient. Elle peut leur cacher le fait qu'ils sont les pères des enfants qu'ils ont conçus, rompre une paternité de complaisance en dépit du lien qu'ils ont construit avec l'enfant et aussi l'éloigner d'eux au moment du divorce. En bref,

1. Pour une histoire des théories sur le bon maternage des enfants au XXe siècle, voir Sandrine Garcia, *Mères sous influence. De la cause des femmes à la cause des enfants*, Paris, La Découverte, 2011.

l'enfant est à elle. Comment une telle puissance ne la rendrait-elle pas la première responsable au regard de l'enfant ? Dans le même temps, il est difficile pour beaucoup de femmes de ne pas surinvestir la maternité à une époque comme la nôtre où elles sont censées se battre à égalité avec les hommes dans la vie professionnelle. Comme le montrent les témoignages recueillis par Jean-Claude Kaufmann[1], beaucoup de femmes ont tellement peur de ne pas réussir dans ce monde-là et parfois même en dépit de leurs diplômes qu'elles préfèrent se vêtir du rôle de mères en sacrifiant leur destin professionnel. Afin, disent-elles, de ne pas avoir le sentiment, au cas où elles ne le feraient pas, d'échouer sur tous les fronts de cette drôle de guerre qu'est la vie. Mais n'est-ce pas au contraire ce terrible choix qui s'ouvre toujours à elles – celui d'être un sujet tout-puissant dans la vie familiale et de disparaître plus ou moins de la vie professionnelle – qui est à l'origine de ce manque de courage ? N'est-il pas certain que les plus grands exploits viennent lorsque les êtres humains sont acculés à réussir ?

Certes, il y a une quinzaine d'années on a essayé de donner aux pères un plus grand rôle dans le maternage des enfants en invitant les mères à le leur permettre. Pourtant rien n'a été mis en œuvre pour instituer une paternité aussi puissante, aussi certaine et aussi désirante que la maternité. Sans compter que les lois sur les violences conjugales cherchent précisément à contrer ce processus qui semblait pourtant inéluctable.

1. Jean-Claude Kaufmann, *Piégée dans son couple*, *op. cit.*

Ces pouvoirs différents sont à l'origine de l'apparition de ce qu'on appelle les inégalités réelles entre les hommes et les femmes. Pourtant tout semblait prêt pour mettre fin à la dépendance des secondes à l'égard des premiers : non seulement les inégalités juridiques avaient disparu mais les femmes entraient massivement dans les universités. C'est ainsi que tout en étant plus diplômées que les hommes – les filles étaient 57 % des étudiants universitaires en 2013-2014 alors qu'elles n'étaient que 43 % en 1960-1961 – elles occupent des positions subalternes sur le marché du travail et leurs salaires sont inférieurs. Tous temps de travail confondus, les hommes touchent 31 % de plus que les femmes et, en moyenne, à emploi égal les revenus des femmes sont de 14 % inférieurs. À noter en particulier les incroyables écarts de salaires qui existent chez les cadres, écarts qui montent à 29,1 % en 2010. En 2011 le temps partiel subi concernait 8 % des femmes et seulement 2,8 % des hommes.

Cette place des femmes dans le nouveau modèle familial les incite à entrer dans des « échanges » avec les hommes afin de « réaliser » leur rôle de mère. Car c'est à elles d'assurer l'éducation des enfants et à eux de la financer. Cela conduit les femmes à moins s'investir dans la vie professionnelle quand elles sont en couple – et surtout quand elles sont mariées et qu'elles ont des enfants –, aux hommes de le faire davantage dans les mêmes conditions.

Selon les études de l'INSEE, en 1975 les hommes consacraient 8 minutes par jour à s'occuper de leurs enfants et 11 minutes en 1999, contre 38 minutes pour leurs compagnes. En 2006, 14 % des divorces ont abouti à une garde alternée et en 2003 les juges ont confié la garde exclusive des enfants à seulement 7 % des pères.

En 2011, trois femmes sur quatre gagnent moins que leur conjoint. Les femmes vivant en couple ont perçu cette même année 42 % de moins que leur conjoint alors que cet écart est de 9 % entre les hommes et les femmes sans conjoint ; 31 % des femmes vivant en couple ont un emploi à temps partiel et 19 % sont inactives. Chez les femmes qui vivent en couple le taux d'activité est de 66 % lorsqu'elles ont deux enfants et de seulement 50 % à partir du troisième. Or selon une étude rapportée par la ministre du Droit des femmes dans le journal *Libération*[1], 40 % d'entre elles prennent des décisions professionnelles qui affectent leurs projets de carrière dès la venue du premier enfant. Comme si en quelque sorte leurs diplômes et l'expérience professionnelle qui avait précédé cette naissance étaient plus une assurance en cas de séparation d'avec leur compagnon que la charpente de leur existence.

Une étude de l'INSEE qui a porté sur les déclarations fiscales des couples permet de mieux chiffrer cette situation. Quand les femmes ont un niveau de diplôme supérieur à leur conjoint elles contribuent à 41 % du revenu du couple, alors que si c'est l'homme qui a un diplôme supérieur sa participation est de 69 %. En moyenne, les femmes mariées contribuent à 34 % du revenu du couple. Par ailleurs, seuls 2 % des hommes vivant en couple ne déclarent aucun

1. Laurence Rossignol, « Tout le monde puise dans la culpabilité des femmes », *Libération*, 16 février 2016.

revenu. Les hommes sans conjointe et ne déclarant aucun revenu sont quatre fois plus nombreux. Et ils gagnent en moyenne 18 000 euros alors que ceux qui sont en couple en gagnent 29 000 ; 83 % des premiers ont un emploi stable alors que ce chiffre monte à 92 % chez les seconds.

Certes, si les diplômes ne semblent pas avoir contribué à transformer les situations d'inégalité au sein des couples, ils ont un très fort impact au moment des séparations. La meilleure preuve, c'est le triste sort des femmes qui se trouvent à la tête d'une famille monoparentale et qui ne sont pas diplômées. Elles ne trouvent ni emploi ni nouveau compagnon car les hommes préfèrent celles qui n'ont pas d'enfants. Ou bien elles retrouvent des hommes beaucoup plus âgés prêts à payer pour leur jeunesse. Cette question de la différence d'âge entre les partenaires et la manière dont elle signale des situations de dépendance est très révélatrice des problèmes auxquels les femmes sont confrontées aujourd'hui. Les études démographiques montrent que la plus grande différence d'âge pour les premières unions se trouve chez les femmes qui se mettent en couple avant d'entrer dans le marché du travail. De même, plus le niveau d'études d'une femme est élevé, plus l'écart d'âge est faible. Or en dépit du processus qui a conduit les femmes à investir les universités et le marché du travail on trouve 14 % de couples dans lesquels l'écart d'âge est de dix ans en 1990 contre 8 % dans les années 1950. Et une fois sur cent c'est la femme qui est l'aînée dans ce type de couples.

Les mécanismes qui assurent aux femmes des « dédommagements » après séparation ou divorce pour elles ou pour les enfants dont elles s'occuperont renforcent cette logique. N'est-ce pas pour cela que dans les couples mariés, dans lesquels elles ont plus de garanties économiques après un divorce, elles contribuent moins au revenu du couple que dans ceux de concubins ou de pacsés ? Les femmes qui prennent la décision de divorcer (cette décision leur revient dans 70 % des cas) ont réalisé alors leur projet maternel et peuvent s'assurer d'une compensation pour elles et d'une pension pour les enfants, qui représente en moyenne entre 20 et 30 % de leurs revenus futurs, même si le divorce détériore les conditions de vie des deux ex-conjoints. C'est pourquoi les couples qui divorcent avec des enfants en très bas âge ne sont pas très nombreux – les enfants ont environ 9 ans à la séparation des parents.

Afin, entre autres, de rendre compte de ce phénomène, certains anthropologues comme Paola Tabet[1] évoquent l'existence d'un échange économico-sexuel généralisé entre les hommes et les femmes qui rapprocherait la conjugalité de la prostitution. Dans la mesure où leurs unions avec les hommes ne sont pas conçues comme des échanges de biens de la même nature, elles s'apparentent à un marché dans lequel les femmes offrent sexe, attention et temps consacré aux enfants et à la domesticité tandis qu'eux proposent le financement des pertes consécutives à l'accomplissement de leur rôle maternel.

Peut-être faudrait-il désigner ce phénomène comme un échange économico-maternel, car c'est le rôle de

1. Paola Tabet, *La Grande Arnaque. Sexualité des femmes et échange économico-sexuel*, Paris, L'Harmattan, 2005.

mère qui est rétribué par les hommes. Ces derniers payent pour se procurer et pour faire élever leur descendance par les femmes. Celles-ci vendent leur rôle de mère censé être essentiel pour le développement des enfants. Or la particularité de cette « vente » ou de cet échange, c'est que la femme garde pour elle ce qu'elle vend. C'est pourquoi on devrait caractériser ce phénomène autrement. On pourrait penser que les hommes payent les femmes pour être pères, c'est-à-dire pour se procurer une descendance élevée dans les normes et donc pour moins s'impliquer que les mères dans cette entreprise. On devrait qualifier cet échange d'« économico-paternel ».

Bien que dans le système du couple actuel les femmes n'échangent pas du sexe contre d'autres biens – sauf dans la prostitution que l'on voudrait assimiler à l'esclavage –, les gens ne se mettent pas en couple pour entretenir librement des relations sexuelles comme c'était le cas dans le mariage bourgeois. Par ailleurs, la moindre contribution des femmes aux frais du ménage et l'amoindrissement de leur engagement dans la vie professionnelle sont liés à la venue au monde d'enfants. Ce sont les conséquences des relations sexuelles, lorsqu'elles aboutissent à une naissance, qui constituent l'objet de ces échanges nuisibles pour les femmes. C'est lorsqu'elles « vendent » aux hommes la possibilité d'être pères en échange de la possibilité que ces derniers leur offrent de mener à terme leur projet de maternage qu'elles ruinent leur autonomie, leur destin et leur liberté. Échange qui est opéré plus en aval qu'en amont compte tenu du niveau de diplôme des femmes et de l'âge relativement tardif de la venue au monde du premier enfant.

C'est ainsi que l'extraordinaire révolution de l'égalité a été détournée par ce piège dans lequel les femmes tombent volontairement, qui est l'idéal maternel. Les études de l'INSEE révèlent par ailleurs qu'en 1999 seulement 10 % des femmes en France n'ont pas d'enfant, et si l'on compte le nombre de celles qui sont stériles, environ 5 % ne sont pas devenues mères volontairement. Et si la moitié des femmes pensent qu'un homme peut s'épanouir sans enfant elles ne sont que 20 % à considérer qu'il en va de même pour leurs congénères.

Or dans cette triste comptabilité issue de la maternité moderne il ne faut pas seulement inclure les montants des salaires, les taux des contributions, le temps consacré par les uns et par les autres aux enfants, mais aussi les cœurs brisés. Il ne faut pas oublier que 40 % des enfants ne voient plus leur père après une séparation et que parfois cela n'est pas le fait de la volonté de ces derniers mais des conflits avec l'autre parent. Il y a des associations comme SOS Papa qui luttent contre cette discrimination qui leur est faite. Ils revendiquent le fait d'aimer et de vouloir prendre en charge eux aussi leurs enfants en dépit de n'être « que » des pères.

Et est-ce que ce lien extraordinaire que la révolution des mœurs a construit entre les mères et leurs enfants a vraiment contribué à former des relations formidables entre eux ? Cela doit être vrai dans bien des cas mais qu'en est-il de tant d'autres ? Des sept cents enfants qui meurent chaque année sous les coups des parents, combien sont tués par leur mère ? Combien de temps et combien de souffrance faut-il aux petits martyrs pour que les services sociaux décident de les confier à l'adoption afin de leur donner ne serait-ce qu'une chance d'avoir une enfance digne de ce nom ?

Il faudrait se poser des questions fondamentales à propos des rapports que notre modernité familiale a noués entre les parents et leurs enfants. Se demander notamment s'il est juste de soumettre ces derniers à l'instabilité conjugale des premiers, aux crises qui l'accompagnent, aux disputes, à la violence que cela entraîne, non seulement physique mais aussi psychique. Et, au-delà des crises conjugales, s'il est acceptable que certains enfants jouissent d'une enfance paisible avec des parents aimants et équilibrés alors que tant d'autres doivent supporter ceux qui ne sont pas capables de leur donner l'amour et l'attention qu'ils méritent. En effet, est-il possible que dans un pays démocratique le fait de naître dans une famille ou dans une autre détermine à tel point le destin d'un être humain ? Que ce soit fondamentalement de cela que dépend le fait pour un individu de faire des études, d'avoir une vie professionnelle réussie, de ne pas devenir un terroriste ou un criminel ? Sans même tenir compte de l'esclavage pour leurs mères, ne devrions-nous pas confier l'éducation des enfants à des institutions qualifiées pour le faire et réserver le rôle maternel et paternel à quelques heures par semaine ? Rôle qui consisterait à cajoler les enfants quand les parents en sont capables et non pas à les élever, à les former, à les éduquer.

Alors que dans le régime actuel, si l'on s'en tient à ce que nous révèlent les statiques, presque 40 % des Français ne voient plus leur famille une fois adultes, et donc non plus leur mère aimante et inconditionnelle. Ces mères qui se seraient comportées comme des lionnes pendant leur enfance tant leur amour aurait été évident et « instinctif ». Mais il y a encore plus grave, plus destructeur que cela.

Le film *À perdre la raison*[1] (2012) de Joachim Lafosse s'inspire d'un fait réel : une mère qui a tué ses quatre enfants. Il y met en scène une forme toute particulière de la souffrance féminine, celle de ne pas aimer sa descendance en dépit des normes sociales qui l'y « obligent ». La seule issue qu'a trouvée cette malheureuse pour ne pas souffrir de ne pas aimer ses enfants est de les tuer. C'est ainsi qu'elle peut se libérer du poids que signifie pour elle de voir jour et nuit les incarnations de sa « faute ».

Avons-nous aboli les contraintes légales qui attachaient les femmes à leur époux pour les obliger d'une manière encore plus atroce à aimer leurs enfants au seul motif qu'elles n'en ont pas avorté ? Voilà la question terrible que pose ce film.

Imposer aux individus des devoirs de faire et de ne pas faire, voilà ce qui est en mesure d'être supporté même quand de tels devoirs sont accablants. Mais imposez-leur d'aimer et vous les rendrez fous ainsi que les êtres qu'ils sont censés aimer. Et il est fort possible que ce qui épuise tant de femmes soit moins de s'occuper de leurs enfants que de mesurer la distance qui sépare leurs sentiments réels de l'idéal de l'amour maternel qu'elles ont intégré et à l'aune duquel elles développent un terrible sentiment de culpabilité. Et plus l'enfant l'appauvrit et l'isole,

1. Pour une analyse des questions que pose ce film au regard de l'amour maternel, voir Marcela Iacub, *Jouir, obéir et autres activités vitales*, Paris, Stock, 2013, p. 87-90.

plus ce sentiment doit croître comme une tumeur inavouable. Bref, il n'est pas vrai que l'esclavage des femmes est compensé par les joies que leur apporte la maternité. Mais, d'ailleurs, qui songe à ce que les esclaves soient heureux ? Et ces pertes et ces souffrances liées à la maternité ne sont pas compensées non plus dans le domaine sexuel. Au contraire. Car c'est la position des femmes dans les nouvelles structures familiales qui va déterminer le contenu des normes de la nouvelle morale sexuelle.

2. L'idéologie du sexe avec ou sans sentiments

La révolution des mœurs a transformé les critères qui avaient servi jusqu'alors pour qualifier les rapports sexuels. Dorénavant, dit-on, seul compte le consentement, sans que le cadre dans lequel ils se déroulent ni la conformité de ces derniers à une quelconque normalité aient la moindre pertinence. Notre modernité a permis l'apparition d'un monde dans lequel l'épanouissement sexuel est devenu fondamental, gage de santé mentale, d'équilibre et de bonheur. Et, dit-on fièrement, grâce à toutes les « conquêtes » que les femmes ont acquises sur leur corps il en serait fini de la double morale qui condamnait la liberté sexuelle de ces dernières alors qu'elle glorifiait celle des hommes.

Pourtant, dans les pratiques et dans les représentations le couple continue à fonctionner comme modèle de la bonne sexualité. En effet, si le consentement départage les actes criminels de ceux qui ne le sont pas, les normes sociales et parfois même juridiques ne s'en contentent pas. Ce sont ces normes de trop, ces normes en trop qui exigent autre chose que le seul consentement, qui sont à l'origine de ce qu'on appelle la « domination sexuelle des femmes ».

Or il faut préciser ici ce que l'on entend par « domination sexuelle » compte tenu que cette expression est si galvaudée par le discours féministe, médiatique et universitaire – qui lui sert de gage – qu'il est difficile de comprendre ce qu'il signifie, en vérité. Ces discours tendent à naturaliser le désir selon le genre. Les hommes chercheraient dans les relations les plus dégueulasses et les plus brutales leur plaisir (lequel ne saurait pas se détacher d'un instinct de mâle dominant) alors que les femmes, elles, auraient les organes sexuels connectés au cœur. Et lorsque les choses ne se déroulent pas ainsi c'est la preuve qu'elles sont dominées par les hommes. Et cela révèle que soit elles ont été victimes de violences pendant l'enfance, soit elles sont manipulées par eux du fait qu'elles les aiment et ne veulent pas les perdre. C'est plus ou moins dans ces termes que le féminisme officiel explique la prostitution et la pratique du libertinage des femmes qui sont en couple. Pourtant, il suffit d'être attentif aux règles du jeu de la révolution des mœurs pour comprendre ce qui pousse les femmes et les hommes à avoir des comportements sexuels différents, et les premières à être dominées par les seconds.

L'une des conséquences les plus importantes des nouvelles normes introduites dans les années 1970 est que les femmes n'entrent plus en couple sans avoir eu des rapports sexuels avec leur futur conjoint. Qui plus est, la bonne entente sexuelle est devenue l'une des composantes indispensables de ce couple. Or les enquêtes sociologiques montrent que le vagabondage (ou l'essayage) sexuel n'a pas la même signification pour les hommes que pour les femmes[1]. Pour les premiers, il est souvent une manière de vivre leur sexualité et non pas un moyen de trouver une compagne, alors qu'il en va tout autrement pour les secondes.

De fait, les hommes ont moins d'intérêt à se mettre en couple que les femmes. Si d'une part ils peuvent le plus facilement du monde trouver des partenaires sexuels sans le moindre engagement (sauf bien entendu le risque d'une paternité forcée), de l'autre ils doivent assumer les coûts de la venue au monde des enfants dans une proportion qui est nettement supérieure à celle de leur compagne s'ils se mettent en couple. Sans compter les coûts des compensations économiques après le divorce ainsi que des pensions alimentaires pour leurs enfants. À cela s'ajoute le fait qu'ils n'ont pas les mêmes contraintes temporelles que les femmes pour faire des enfants. Alors que pour ces dernières l'affreuse « horloge biologique » ne cesse de détruire leur capital d'ovules, les hommes peuvent enfanter sans limite d'âge, ce qu'ils ne manquent pas de faire d'ailleurs. Cette différence n'a pas pour seule cause la biologie, car les femmes pourraient après tout faire appel à la congélation

1. Judith Easton, Jaime Confer *et al.*, « Reproduction Expediting : Sexual Motivations, Fantaisies and the Ticking Biological Clock », *Personality and Individual Differences*, n° 49 (5), 2010, p. 516-520 ; Evelyn Blackwood, « The Specter of the Patriarcal Man », *American Ethnologist*, n° 32 (1), 2005, p. 42-45, cité par Eva Illouz, *Pourquoi l'amour fait mal ? L'expérience amoureuse dans la modernité*, *op. cit.*, p. 149 et 154.

d'ovocytes et de tissus ovariens pour mener à terme une grossesse après la ménopause. C'est aussi l'énergie corporelle, le travail physique qu'implique d'être mère dans notre société, qui oblige les femmes à ne pas enfanter au-delà d'un certain âge.

Cette pression différentielle à la conjugalité est d'autant plus forte que, compte tenu de la prolongation des études des femmes, l'âge du mariage et de la venue du premier enfant n'a pas cessé de reculer. De fait si une femme ne se met pas en couple stable autour de 30 ans elle se dit qu'elle a devant elle seulement quelques années pour accomplir ce projet vital. En bref, les femmes sont plus dépendantes du couple que les hommes, ce qui place ces derniers dans une situation de domination sexuelle à l'égard des premières. En effet, les femmes entretiennent des rapports sexuels avec les hommes car il s'agit d'un des moyens dont elles disposent pour créer un couple. Moyen qui est devenu de plus en plus important pour le choix d'un conjoint. Alors que les hommes couchent avec des femmes sans avoir des projets semblables. Et plus ils ont des femmes à leur disposition qui ont des rapports sexuels en pensant à former des couples, moins ils ont intérêt à se fixer avec aucune d'entre elles. Tout au moins si l'on considère les hommes qui peuvent devenir pour les femmes des conjoints éventuels. Il en va tout autrement de ceux qui n'ont pas de travail, ou qui sont trop pauvres, très peu attirants ou trop âgés, qui doivent se contenter de prostituées[1].

---

1. Amélie Maugère, *Les Politiques de la prostitution du Moyen Âge au XXIe siècle*, préface de Janine Mossuz-Lavau, Paris, Dalloz, 2009.

On ne dit pas de ces femmes-là qu'elles sont sexuellement dominées mais qu'elles sont de celles qui couchent « sans sentiments », sans chercher à s'attacher leurs amants. Dans le livre qu'elle a consacré récemment à la sexualité et aux théories amoureuses des adolescents, Thérèse Hargot[1] montre la force de l'idéologie qui divise les filles en deux groupes : celles qui couchent avec des sentiments et les « putes ». Même si ces relations adolescentes ne vont pas déboucher à l'âge adulte sur des couples et une descendance, c'est une manière pour les filles et pour les garçons de se socialiser dans cette double morale qui marquera leur vie sexuelle future. Une femme qui ne subordonne pas ses désirs sexuels aux attaches éventuelles qu'elle pourra nouer voire cultiver dans le couple qu'elle forme avec un homme est une « pute », une déviante. C'est ainsi que l'on peut continuer à stigmatiser le désir sexuel des femmes dans la grammaire de la modernité. Tandis que les femmes « honnêtes » doivent au contraire mettre leurs désirs et leurs plaisirs au second plan pour instrumentaliser leurs échanges sexuels afin d'accomplir leurs projets de maternage, pour vendre aux hommes une paternité.

Or paradoxalement, si les hommes cherchent en principe le sexe sans attaches, ils dénigrent tout autant que les femmes « honnêtes » celles qui cherchent le sexe sans attaches, les « putes ». Ce que montre Thérèse Hargot, c'est que les garçons sont les premiers à stigmatiser les filles de la sorte. Car en agissant ainsi

1. Thérèse Hargot, *Une jeunesse sexuellement libérée (ou presque)*, Paris, Albin Michel, 2016.

non seulement les hommes ne perdent pas d'opportunités sexuelles mais en plus ils n'ont à se confronter à des défis d'aucun ordre dans ce domaine. En effet, les femmes qui cherchent du sexe sans attaches sont bien plus attentives que les autres à l'intensité de cette expérience, ce qui oblige les hommes à avoir devant eux un partenaire et non pas un être qui s'offre à eux comme un objet. C'est au fond grâce aux filles qui cherchent du sexe avec attaches qu'ils peuvent continuer à « baiser » des femmes au lieu de « baiser » avec elles.

C'est ainsi que dans le domaine de la sexualité se sont créées à l'instar du marché du travail des inégalités réelles au détriment des femmes, inégalités qui contredisent les égalités formelles où seul compte le consentement pour juger de la moralité d'une expérience érotique.

Or outre créer des inégalités, cette distribution par genre du sexe avec ou sans attaches appauvrit les expériences des hommes et des femmes. Les premiers cherchant à profiter du sexe, ce qui rapproche les rapports hétérosexuels d'un abus – comme le dénoncent sans relâche les féministes radicales – ou d'un acte de consommation, tandis que les secondes conditionnent leurs pratiques à autre chose que les actes qu'elles réalisent. Les premiers se privent de la possibilité d'avoir des partenaires sexuelles exigeantes et les secondes de se positionner en véritables sujets de leur propre plaisir. Et peu importe au fond que cet homme et que cette femme cherchent ce que les institutions attendent d'eux. La particularité de ces dernières est de produire des « effets de genre » sur nos perceptions, sur nos émotions et sur nos attentes.

Par ailleurs, aussi bien les normes sociales que juridiques ne cessent de stigmatiser le sexe sans attaches et tout ce qui peut contribuer à sa prolifération. Il en est ainsi de la prostitution, de la pornographie et du libertinage. Alors que le fait d'acheter des services sexuels est désormais interdit, les deux autres sont limités à certains publics, dans certains lieux, à certaines heures sous prétexte de ne pas nuire aux mineurs, ne pas les corrompre, les pervertir ni porter atteinte à leur vie sexuelle future[1]. Car les pouvoirs publics à l'instar du mouvement féministe sont du côté du sexe avec attaches afin de « civiliser » la sexualité masculine conformément aux projets familiaux des femmes. Leur plus grand souci étant l'image dégradée de ces dernières qui ressort de ces pratiques, d'une femme objet entièrement disponible au désir des hommes. Alors que c'est la femme qui cherche le sexe avec attaches qui est ainsi, car elle subordonne ses propres plaisirs à ses projets de couple.

Or cette institution façonne aussi la sexualité qui a lieu en son sein. Même si le désir se trouve à la base du couple contemporain à la différence de celui du XIXe siècle, il s'agit d'une situation impossible à tenir à long terme. Pourtant, la dépendance économique des femmes et les problèmes qui entraînent les séparations lorsque le couple élève des enfants ne permettent pas de faire cesser ce couple au moment où cesse le désir qui unit les partenaires. Cela n'aurait rien de trop grave s'il n'y avait pas un impératif social

1. Marcela Iacub et Patrice Maniglier, *Antimanuel d'éducation sexuelle*, Paris, Bréal, 2005 ; Marcela Iacub, *De la pornographie en Amérique. La liberté d'expression à l'âge de la démocratie délibérative*, Paris, Fayard, 2010.

si puissant à être sexuellement heureux ; si nous ne vivions pas dans des sociétés qui ne cessent d'exciter le désir et surtout si les deux partenaires pouvaient se soumettre à une forme d'ascétisme leur vie durant sans essayer de chercher des amants occasionnels. Quand cela arrive, le partenaire « trompé » se sent à juste titre terriblement menacé. L'infidélité porte atteinte au fondement même du couple et à tous les engagements qui vont avec, l'infidélité est souvent le prélude d'une séparation. Voilà quelque chose qui pouvait difficilement rompre les unions d'avant la révolution des mœurs. Car le couple était tellement important comme institution sociale que l'adultère pouvait moins l'ébranler. Alors que les couples d'aujourd'hui sont composés par deux individus qui s'associent en fonction des désirs, des émotions, situations trop précaires pour que l'adultère ne les détruise point. C'est pourquoi la pratique du polyamour et de la polyfidélité[1] n'éveille pas l'enthousiasme. En effet, celle-ci cherche à maintenir l'idée de couple en lui enlevant ce qui constitue sa fragile substance. Dans les rares cas où ces cohabitations s'installent dans la durée elles sont le résultat du pouvoir d'une personne qui jouit dans un groupe d'une position de force susceptible d'imposer sa volonté aux partenaires plus faibles.

C'est ainsi que dans un monde sexuellement libéré l'exclusivité amoureuse s'est érigée en idéal que tout le monde ne respecte pas, certes, mais dont la transgression est cachée au partenaire. Et c'est la théorie

1. Voir entre autres Jacques Attali et Stéphanie Bonvicini, *Amours. Histoire des relations entre les hommes et les femmes*, Paris, Fayard, 2007.

du sexe sans attaches qui resurgit quand l'infidélité est découverte, avant que le couple ne finisse par s'ébranler. Cette exclusivité est d'autant plus étrange qu'elle n'est pas toujours fondée en droit[1] (et surtout pas en droit pénal). L'adultère provoque d'autant plus de souffrance que l'indignation qu'il suscite n'est pas socialement partagée. Le seul adultère qui soit grave est celui qui est le fait de notre propre partenaire alors que celui des autres nous semble normal voire salutaire.

Ces discordances entre l'idéal du couple en tant qu'instance désirante et sa réalisation pratique rendent à la longue l'idée du sexe avec sentiments absurde et contradictoire. Car au bout de quelques années le désir meurt en même temps que l'« amour » que l'on avait pour notre conjoint. C'est alors que les partenaires découvrent que ce qu'ils appelaient « amour » n'était que le masque qui cachait des désirs sexuels plus intenses que ce que l'on peut éprouver envers une aventure occasionnelle ; ou des intérêts conjugaux en vue de la réalisation d'un projet de maternage.

En bref, le sexe dans le couple ne sert qu'à unir ceux qu'il va finir par séparer quelques années plus tard – s'ils ont la chance de réussir à le faire. Et si la dépendance s'installe en générant des humiliations et de la violence, c'est la police et la justice qui se chargent de séparer les anciens amoureux. Quand le sexe les unit, il le fait en excluant tout le reste du monde. Quand il inclut un tiers il le fait généralement

1. Pour l'infidélité comme faute civile dans le mariage, voir Francis Caballero, *Droit du sexe*, Paris, LGDJ, 2010, p. 197-208.

sous la forme du sexe sans sentiments, tel un acte de consommation. Et si jamais il inclut ce tiers dans un lien avec attaches ou avec des sentiments, c'est la fin du couple conjugal.

C'est ainsi que cette activité est devenue aussi bien dans le couple qu'en dehors de celui-ci quelque chose qui sépare, qui exclut, qui isole au lieu d'unir, d'inclure, d'articuler, d'enrichir. Et puis, au lieu d'attribuer cette misère à l'organisation sociale des désirs et des plaisirs et notamment au couple conjugal, on dit comme Tolstoï dans sa postface à *La Sonate à Kreutzer* que la faute revient au sexe, comme si ce mot était porteur d'une essence métahistorique et métapolitique. Comme si ce sexe dont on parle n'était pas déjà du « mauvais sexe » tel que les institutions l'ont façonné dans le passé et continuent de le faire dans le présent. Ou bien on accuse le désir de domination des hommes envers les femmes, les premiers incarnant l'idée du sexe en soi qui dans sa brutalité risque de casser les choses les plus précieuses. Alors que les secondes, elles, incarneraient un désir civilisé et acceptable qui devrait être érigé en modèle commun afin que les femmes désireuses de materner imposent leurs desseins aux hommes récalcitrants. Car les femmes ne comprennent pas que le bon sexe auquel elles aspirent est lui aussi du « mauvais sexe » hérité du modèle précédent.

Or depuis quelques années le couple conjugal est menacé par d'autres forces encore plus dévastatrices qui ont pris appui sur le sexe non seulement pour séparer les personnes mais pour mettre à mort l'institution elle-même. Je fais allusion bien évidemment aux violences sexuelles. Nous verrons que si, dans un premier temps, les normes pénales ont cherché à renforcer le couple conjugal comme par le passé, elles ont fini par s'attaquer à lui telle une créature qui une fois rassasiée de la chair de ses congénères se met à se dévorer elle-même.

IV

Le viol conjugal, accomplissement et chant du cygne du régime du Sexe

« La sexualité va devenir cette menace dans toutes les relations sociales, dans tous les rapports d'âge, dans tous les rapports d'individus. C'est là, sur cette ombre, sur ce fantôme, sur cette peur que le pouvoir essaiera d'avoir prise par une législation apparemment généreuse et en tout cas générale [...]. Et on aura là tout un régime de contrôle de la sexualité qui apparaîtra sous la forme d'un danger, et d'un danger universel, c'est là un changement considérable[1]. »

Michel Foucault

« L'impulsion sexuelle était dangereuse pour le Parti et le Parti l'avait détournée à son profit. »

George Orwell[2]

---

1. « La loi de la pudeur », entretien avec Jean Danet, Pierre Hahn et Guy Hocquenghem, France Culture, 4 avril 1978, *Dits et Écrits*, tome II, Paris, Gallimard, 2001.
2. *1984* (1949), traduit de l'anglais par A. Audiberti, Paris, Gallimard, 1950.

Selon Rousseau, le droit pénal est le bras armé du droit civil. C'est la meilleure manière d'expliquer les transformations qui ont eu lieu dans le droit des offenses sexuelles à partir des années 1980. Ce dernier devait protéger de son glaive les nouveaux pouvoirs maternels des femmes. Car c'était à leur volonté souveraine que l'État avait délégué la reproduction de la vie. Or les privilèges arbitraires ne sont-ils pas la marque de tout souverain ? L'État n'avait-il pas délégué naguère aux maris des privilèges comparables ? Et ce sera dans la manière dont s'opérera ce retournement que le couple que nous avons hérité du fond du XIXe siècle accomplira sa dernière mutation avant de disparaître.

1. Les nouvelles peines du sexe

Alors que les années 1970 s'achevaient, le droit pénal était devenu terriblement démodé. Mais comment le modifier ? L'alternative qui se présentait au législateur était soit d'abolir le chapitre des attentats aux mœurs du régime précédent et de penser à d'autres formes de sanction des violences, soit ce qui a été fait. Le premier versant de l'alternative aurait consisté à enlever la spécificité sexuelle des violences à bannir. Ou bien, si une telle spécificité apparaissait, qu'elle soit moins dramatique que jadis. Cette option « libérale » a été soutenue par certains auteurs aussi importants que Michel Foucault. Pour que l'État ne se mêle pas de ce qui est sexuel et de ce qui ne l'est pas il valait mieux sanctionner la violence de certains actes sans qu'il soit nécessaire d'indiquer la nature de celle-ci[1].

Le second versant de l'alternative, celui qui a été retenu par la loi de 1980, s'inspire de l'ancienne législation. Pourtant, tandis que cette dernière ne tenait pas pour criminels certains actes qui avaient lieu dans le mariage, dorénavant tout le sexe y compris celui qui a lieu au sein du couple conjugal sera potentiellement criminel. Puisque dans le droit de la famille il n'y avait plus de bons et de mauvais cadres pour les relations sexuelles, le seul paramètre valable pour départager les actes licites des délits et des crimes était le consentement. Or, dans le régime précédent, ce dernier était le paramètre pour classer les relations hors mariage, donc le « mauvais sexe ». Même s'il peut sembler saugrenu de faire cette observation – car il est difficile de concevoir la liberté sexuelle autrement que par le consentement –, nous verrons que le poids de l'histoire fut tel dans la construction du nouveau droit pénal de la sexualité qu'on ne saurait pas comprendre ce qui s'est passé, ce qui se passe encore, sans tenir compte du vieux modèle que j'ai évoqué plus haut.

Les réformateurs ont maintenu la distinction entre le viol et l'attentat à la pudeur avec violence, dont l'un serait un crime et l'autre un délit, en fonction de l'effraction du corps de la victime et plus précisément de la pénétration sexuelle. Un viol serait donc « tout acte de pénétration sexuelle de quelque nature qu'il soit... ». Cette définition semble une métaphore

1. Pour une analyse de ces débats voir Janine Mossuz-Lavau, *Les Lois de l'amour. Les politiques de la sexualité en France (1950-1990)*, Paris, Payot, 1991.

du vieux coït vaginal sauf que désormais le violeur ou la violeuse – car les femmes pouvaient le devenir – devaient adopter des comportements d'effraction du corps d'autrui. Mais cette effraction ne se rapportait plus à la sexualité conjugale ni à son caractère normal ou anormal. Elle pouvait consister en une sodomie, une fellation, l'introduction d'objets dans les orifices du corps tenus pour sexuels. C'est ainsi que selon les juristes le viol ne serait pas un acte matériel précis, une atteinte aux familles, mais un viol du consentement. Cette idée fut reprise par la réforme de 1992 qui, en plus d'augmenter les peines, élimina du vocabulaire du droit les mots « mœurs » et « pudeur » pour ne parler que des agressions et des atteintes sexuelles, et les classer dans le chapitre du Code pénal intitulé « Des atteintes à l'intégrité physique ou psychique de la personne ». Car ces infractions étaient devenues des « meurtrissures psychiques » causées à la victime.

Ce mouvement pénal qui commença comme une revendication de la liberté sexuelle des femmes s'élargit ensuite aux violences envers les mineurs pour se transformer par la suite en un phénomène social et juridique majeur qui allait donner à l'appareil judiciaire une position tout à fait nouvelle dans la société. Les peines de ces crimes seront aussi sévères que celles des meurtres. En effet, le droit à dire non à un rapport sexuel sera désormais aussi fortement protégé que celui de vivre. Si d'une part les victimes sont considérées non plus souillées comme jadis mais traumatisées à vie – et même au-delà pour ceux qui croient au ciel et à l'enfer –, d'autre part les agresseurs ne seront plus des débauchés mais des pervers, des êtres psychiquement malades que rien ne saurait guérir et qui sont néanmoins punissables. Cela s'explique en partie par l'importance qu'a pour la guérison de la victime le fait que son agresseur soit l'objet des châtiments les plus sévères.

Pourtant, la connaissance implicite que les lois pénales se font du sexe, des conséquences d'une agression de cette nature chez la victime, du psychisme des agresseurs, de la fonction thérapeutique de la peine pour la première, ne correspond pas à une quelconque vérité émise par une science. Ce sont plutôt les experts psychiatres et autres qui ont fini par s'adapter à la vérité que véhiculent les lois. Cette vérité est constituée par une série d'énoncés stratégiques visant à justifier les nouveaux pouvoirs d'intervention sur cet aspect spécifique de la vie des gens auquel l'État avait été relativement indifférent jusqu'alors[1].

La notion de sexe qui résulte du nouveau droit pénal est une faiblesse que chaque individu porte en lui. Ou plutôt une faille par laquelle un être humain peut couler dans une espèce d'enfer psychique sans que rien ni personne puisse véritablement l'en extraire. C'est pourquoi les violences sexuelles laissent les individus à la merci les uns des autres. Et plus elles sont susceptibles de porter atteinte à la survie de chacun, plus le rôle de gardien que l'État s'est attribué est sans limites. Rien ne semble suffisamment sévère pour punir les délits et les crimes sexuels. C'est pourquoi l'État s'est permis de passer outre un certain nombre de principes fondamentaux tels que celui

1. Pour une analyse détaillée de cette question, voir Marcela Iacub, *Par le trou de la serrure, op. cit.*, p. 311-336.

de non-rétroactivité de la loi pénale, de légalité et de proportionnalité entre les crimes et les peines[1].

Pourtant ce débordement du pouvoir n'est pas de la même nature que celui des régimes autoritaires qui punissent ceux qui osent les défier. L'État exerce un pouvoir en tant que tiers et arbitre, et non pas en tant que maître de la liberté ou de la vie de chacun. Ce pouvoir se justifie pour éviter les ravages que les individus peuvent provoquer les uns aux autres. C'est pourquoi on peut affirmer que c'est par le biais des violences sexuelles que l'État à travers l'appareil judiciaire est devenu le ciment négatif du lien social.

Depuis, les plaintes n'ont pas cessé de monter, en partie grâce à tous les efforts faits pour les faciliter : notamment la suppression de l'expertise de crédibilité de la parole des victimes, le prolongement des délais de prescription, les aides juridictionnelles sans plafond de ressources, la réparation intégrale de leur préjudice devant la Commission d'indemnisation des victimes. Grâce à cela un nombre de plus en plus important de personnes ont été condamnées pour viol à des peines qui sont toujours en augmentation. La part des peines lourdes (de 10 à 20 ans de prison) est passée de 16 à 40 % entre 1984 et 2008. Cela s'explique par le fait que le viol est puni de peines qui vont de 15 ans de prison à la perpétuité. Mais ce crime ainsi que les autres atteintes sexuelles sont punis aussi de peines et de mesures extraordinaires qui s'ajoutent à celle de l'emprisonnement, comme le suivi socio-judiciaire, la rétention de sûreté, la surveillance de

1. Pour une analyse de ces problèmes, voir Marcela Iacub et Patrice Maniglier, *Antimanuel d'éducation sexuelle, op. cit.*, p. 132-161.

sûreté. Car ces personnes sont considérées tout à la fois comme des criminels et comme des malades dont le destin est de récidiver. Elles sont condamnées tout autant pour ce qu'elles font que pour ce qu'elles sont. C'est ainsi que la violence sexuelle, « sous l'effet combiné de la multiplication des plaintes et de la sévérité croissante des peines, se situe désormais au point de plus grande intensité répressive de notre système pénal[1] ».

Cette révolution juridique a eu une série de conséquences majeures. D'abord la transformation de la notion même de l'acte de punir, qui a affecté l'ensemble du système pénal[2]. Ensuite, l'apparition de nouvelles infractions fondées sur le mal psychique que provoquent des « pervers » à leurs semblables dans des situations les plus ordinaires de la vie, notamment la large panoplie de harcèlements, de violences psychiques et d'assujettissements, qui vont du travail à l'école et peuvent s'appliquer à n'importe quelle relation sociale[3]. Enfin, l'apparition d'une série de règles qui allaient refaçonner les relations juridiques dans les couples. En effet, si le nouveau droit de la sexualité avait cherché dans un premier temps à protéger indirectement le couple issu de la révolution des mœurs, il a fini par le condamner à mort. Je ne m'intéresserai ici qu'à cette dernière conséquence du crime sexuel et notamment à ses deux grandes

1. Francis Caballero, *Droit du sexe*, *op. cit.*, p. 609.

2. Voir Marcela Iacub, « L'esprit des peines : la prétendue fonction symbolique de la loi et les transformations réelles du droit pénal en matière sexuelle », *L'Unebévue*, n° 20 : *Robopsy. Des lois pour les âmes, des âmes pour les lois*, automne 2002.

3. *Ibid.*

étapes. La première concerne les agressions sexuelles en dehors du couple et la seconde celles qui ont lieu au sein de celui-ci.

a. Les violences sexuelles hors couple

Le Code pénal définit le viol comme tout acte de pénétration sexuelle, de quelque nature qu'il soit, commis sur la personne d'autrui par violence, contrainte, menace ou surprise (art. 222-23)[1]. Or la jurisprudence se montre de plus en plus « ouverte » pour constater l'absence de consentement à un acte sexuel et donc pour qualifier celui-ci de viol. En effet, le consentement que l'on exige en matière sexuelle doit être éclairé, comparable selon les juristes à celui que l'on exige pour un acte chirurgical ou pour la pratique d'un sport violent[2]. L'absence de consentement résulte de l'utilisation par celui qui pénètre sexuellement de violence, de menace, de surprise ou de toute autre forme de contrainte. Or l'existence de violence, de menace, de surprise est de plus en plus facile à faire valoir. Et même si en principe c'est au ministère public d'en faire la

1. La loi du 5 août 2013 a créé l'article 222-22-2 du Code pénal qui dispose dans son premier alinéa que « *constitue également une agression sexuelle le fait de contraindre une personne par la violence, la menace ou la surprise à subir une atteinte sexuelle de la part d'un tiers* ». La loi du 8 février 2010 a consacré la « contrainte morale » dans la définition de la contrainte sexuelle, que la jurisprudence avait admise depuis longtemps. Pour une critique de ces dispositions, voir Agathe Lepage et Haritini Matsopoulou, *Droit pénal spécial*, Paris, PUF, « Thémis Droit », 2015.

2. Luc-Michel Nivôse, « Les éléments constitutifs du viol. Rapport sur l'arrêt de la chambre criminelle du 9 décembre 1995 », *Droit pénal*, avril 1994, p. 1-3.

preuve, la jurisprudence en décide autrement. Elle met à la charge de la personne poursuivie de faire la preuve qu'elle n'a pas obtenu un acte sexuel sans le consentement de la personne qui l'accuse de l'avoir violée. Par ailleurs, la jurisprudence est prompte à considérer que dans une situation donnée il y a eu force, menace ou surprise. Ainsi a-t-elle considéré que, même en l'absence de toute résistance de la victime, on doit tenir compte de la disproportion des forces en présence – de la supériorité physique de l'agresseur, voire de la seule corpulence d'un homme tirant par le poignet une femme plus petite – pour retenir l'absence de consentement[1]. Il en fut de même dans une affaire où la victime a déclaré que l'accusé lui avait maintenu la tête pour qu'elle lui fasse une fellation.

C'est parce que le consentement doit être donné d'une manière positive que les juges considèrent qu'il y a viol lorsqu'il y a rapport sexuel avec une femme ivre[2], hypnotisée[3], endormie ou soumise à des substances telles que la « drogue du viol »[4]. C'est pour la même raison que la jurisprudence qualifie comme étant des viols les rapports des médecins avec leurs

1. Pour une analyse de l'ensemble de cette jurisprudence, voir Francis Caballero, *Droit du sexe, op. cit.*, p. 567-572. Voir aussi les analyses que je fais de cette jurisprudence au regard des nouvelles revendications féministes autour du viol, dans Marcela Iacub, *Une société de violeurs ?*, Paris, Fayard, 2012, p. 81-98.

2. Chambre criminelle de la Cour de cassation, 18 octobre 2006, n° 06-85924.

3. Chambre criminelle de la Cour de cassation, 4 avril 2007, n° 07-80253

4. Chambre criminelle de la Cour de cassation, 10 décembre 2008, n° 08-86558.

patientes quand ils profitent de leur position pour les faire déshabiller et les pénétrer sans qu'elles se méfient.

Par ailleurs, contrairement à ce qui se passait avant les années 1970, le fait qu'une femme se trouve dans une situation sexuelle avec un homme ne rend pas l'accusation de viol moins plausible. Ainsi, la jurisprudence considère que le fait pour une femme de se laisser embrasser, toucher, voire le fait qu'elle accepte une fellation rendent néanmoins crédible son refus de pénétration[1].

En France, l'influence du féminisme radical, qui est d'ailleurs celui que les politiques publiques privilégient, a induit dans les années 2000 certaines décisions judiciaires qui se sont contentées de la « sidération psychique » pour caractériser la contrainte. Mais c'étaient des situations sexuelles peu classiques à l'époque, où l'affaire dite des tournantes avait tant ému l'opinion publique. C'est ainsi qu'un tribunal a employé cette notion dans une affaire où une jeune femme avait traversé plusieurs fois la ville pour se rendre à l'endroit où elle allait se faire violer par plusieurs garçons et ce pendant de longues semaines. Même s'il s'agissait d'une rétractation et non pas d'une absence de consentement les juges n'ont pas hésité à qualifier ces faits de viol[2].

Comme le souligne Francis Caballero la notion de contrainte sexuelle est si facile à établir qu'un homme accusé de viol par une femme avec laquelle il a eu un rapport sexuel doit, pour convaincre les juges du

1. Chambre criminelle de la Cour de cassation, 6 avril 1993, n° 93-80185.

2. Marcela Iacub et Patrice Maniglier, *Antimanuel d'éducation sexuelle*, *op. cit.*, p. 158-159.

contraire, prouver qu'elle était mythomane, qu'elle avait des désirs de vengeance ou un intérêt financier à l'accuser. Or sans même parler de la mythomanie, il semble très délicat de prouver dans une plainte pour viol que cela a obéi à un désir de vengeance ou à un intérêt financier. Car la plainte est elle-même une vengeance légitime censée guérir la victime. Et l'intérêt financier c'est la loi elle-même qui le crée par les procédés d'indemnisation des victimes de ces infractions.

C'est ainsi que par des moyens assez inattendus on est arrivé à une situation semblable à celle du XIXe siècle lorsque les femmes qui se plaignaient de viol avaient le plus grand mal à le prouver. Et, lorsqu'elles le faisaient, ce crime était souvent correctionnalisé comme s'il avait été un outrage public à la pudeur. Les victimes de ces abus ne sont plus les femmes mais les hommes. Comme si l'homme d'aujourd'hui avait pris la place de la femme célibataire de jadis, celle qui courait les plus grands dangers avec un viol – car outre l'offense elle était souillée et risquait de tomber enceinte.

Ces abus, dont la justice est le moyen, sont la conséquence de la manière dont le consentement sexuel a été construit par le droit pénal. En effet, ainsi que je l'ai déjà souligné le consentement était dans le régime précédent le propre du « mauvais sexe ». Un homme était obligé de demander à une femme de consentir parce qu'il n'avait pas les droits sexuels que le mariage lui octroyait sur son épouse. Et pour les femmes consentir signifiait qu'elles assumaient sciemment le fait de perdre leur vertu. Même si lorsqu'elles ne consentaient pas elles la perdaient de toute manière.

Dorénavant ce n'est pas le fait d'entretenir un rapport sexuel consenti qui est dangereux mais celui de ne pas y consentir, car les femmes peuvent y perdre leur âme. C'est dans cette démesure que le sexe montrera sa véritable nature. Car dans le nouveau régime un consentement bafoué n'est pas un droit ou une liberté dont on nous prive comme c'est le cas lorsqu'on nous vole ou qu'on nous empêche de nous exprimer. Ce qui y est atteint c'est l'âme même d'une personne, son centre de gravité, son essence. Cela explique que le consentement soit devenu de plus en plus problématique.

En effet, la charge dramatique du consentement fait qu'un grand nombre de femmes qui ont consenti à un rapport sexuel ont par la suite le sentiment qu'en vérité ce n'était pas ainsi. Que sous les allures d'un acte qu'elles avaient accepté s'était cachée, en réalité, la destruction de leur âme. C'est alors qu'elles s'adressent aux juges afin que leur agresseur paye pour son offense. Car si une femme se reconnaît dans les symptômes de quelqu'un qui a été violé il faut qu'il y ait eu un événement qui le justifie, afin que l'origine de son mal soit reconnue, le violeur puni et le chemin de la guérison entamé. Sans compter que la nouvelle double morale sexuelle issue de la révolution des mœurs, qui condamne les femmes pour avoir des relations sexuelles sans attaches, peut générer chez beaucoup d'entre elles un sentiment de souillure et de culpabilité qu'elles peuvent vouloir laver avec une accusation de viol. Surtout lorsqu'elles sont jeunes et viennent de milieux dans lesquels la double morale sexuelle occidentale se mêle à celle encore plus misogyne issue de la culture de l'Afrique du Nord. Cela a créé une grande insécurité juridique car beaucoup d'hommes se trouvent accusés de viol alors que sincèrement et réellement ils avaient cru avoir un rapport sexuel consenti avec une femme.

Je ne prétends nullement minimiser les violences sexuelles et moins encore promouvoir une quelconque impunité pour les violeurs. Loin s'en faut. Les questions que je soulève sont différentes. D'abord, pourquoi ne pas avoir construit ces infractions comme des atteintes à une liberté au lieu de les avoir transformées en des espèces d'assassinats psychiques ? Pourquoi les réprimer avec des peines analogues à celle du meurtre alors que le viol ne tue pas et que les conséquences plus ou moins pénibles qu'il a pour les victimes tiennent plus à la forme qu'une violence de ce type peut prendre dans une situation donnée qu'à la pénétration sexuelle elle-même ?

En effet, le système actuel punit des mêmes peines le fait de pénétrer une femme endormie avec laquelle on a couché quelques heures plus tôt et le fait de s'en prendre à une inconnue dans une rue déserte en pleine nuit. Sans compter que pour un crime dont la preuve est si difficile à fournir il est très dangereux d'imposer des peines trop sévères.

En bref, notre régime actuel accable les victimes auxquelles on dit que leur mal est sans nom et inguérissable, il menace des innocents de longues peines de prison et transforme la sexualité en quelque chose de particulièrement dramatique. C'est pourquoi on peut essayer de comprendre quelle a été la logique de ce droit qui a modernisé les violences sexuelles. Et surtout quels sont les liens entre celles-ci et les nouvelles règles familiales et conjugales issues de la révolution des mœurs.

Une réponse possible est celle que j'ai déjà évoquée. Si l'on avait tenu le viol comme une atteinte à la liberté sexuelle on aurait dû créer une protection de cette liberté au positif.

Or aucune institution ne nous garantit des droits à entretenir des relations sexuelles comme c'était le cas jadis avec le mariage. Certes, on peut faire appel à la contraception et à l'avortement, mais ces droits ne sont pas liés à la sexualité en tant que telle mais aux conséquences de cette dernière dans le domaine de la procréation. Les nouvelles institutions n'ont pas prévu des peines spécifiques pour ceux qui empêchent deux ou plusieurs personnes d'entretenir des relations sexuelles. Mais surtout le fait de ne pas trouver de partenaires pour assouvir ses désirs n'est pas considéré assez grave pour faire naître un droit à un minimum sexuel. La prostitution, qui pourrait remplir ce rôle, est une activité entravée du point de vue juridique, les personnes qui s'y livrent tenues pour des victimes et les clients menacés de sanctions pénales. Et à sa place, aucun dispositif sous la forme du bénévolat n'a été prévu. Qui plus est, cette idée semble si saugrenue que l'on ne saurait pas l'énoncer sans éveiller l'hilarité générale.

En effet, le fait d'entretenir des rapports sexuels pour assouvir les désirs d'autrui, même quand ce serait un don que l'on fait à la collectivité, est perçu comme une forme d'esclavage, d'aliénation sans nom. Alors que si l'on fait don de son argent, de son sang et même de l'un de ses organes, ce qui entraîne des pertes plus concrètes, on admire la générosité ou le courage des donateurs. C'est ainsi que dans une société où la sexualité est censée être une activité fondamentale elle n'est pourtant pas garantie à tout un chacun.

Or cela n'est-il pas précisément la preuve qu'elle n'est pas si fondamentale que cela ? Qu'elle n'est pas perçue comme la nourriture, l'éducation ou le toit ?

Ces choix opérés par notre modernité montrent que l'on a cherché à produire par d'autres moyens que par le passé de la pénurie sexuelle afin que cette activité continue à être assujettie aux institutions familiales au lieu d'être une véritable liberté personnelle. En effet, notre régime se sert du vagabondage sexuel pour former des couples et il nécessite des rencontres qui obéissent au désir réciproque aux finalités floues des protagonistes. L'homme cherchant à se divertir mais sans le vouloir tombant amoureux de son amante. La femme cherchant à savoir si cet homme avec qui elle couche peut devenir un bon partenaire pour son projet de maternage. Un service sexuel minimum ainsi que la prostitution nuisent évidemment à la logique d'un tel système.

Une autre réponse liée à la première, c'est qu'on a voulu dramatiser la sexualité par crainte qu'elle ne se banalise et qu'elle ne puisse pas s'asservir aux buts conjugaux et familiaux de la modernité, tels que les voulaient les réformateurs. Si les femmes pouvaient librement consentir et donc être sexuellement dominées par les hommes qui n'auraient pas à leur égard des intentions « sérieuses » il fallait que ce consentement soit clair et certain. Qu'il ne soit soumis à aucune contrainte, à aucune pression[1]. Cette ligne

1. Le harcèlement sexuel issu de la loi du 6 août 2012 interdit ces pressions sur le consentement même lorsque celles-ci n'ont pas abouti à l'obtention d'une relation sexuelle. Le deuxième alinéa de l'article 222-33 du Code pénal énonce qu'« est assimilé au harcèlement sexuel le fait, même non répété, d'user de toute forme de

de démarcation départagerait un acte tout à fait sans conséquences d'un crime sans nom. Il fallait faire comprendre aux hommes que le sexe est très important pour les femmes et que si jamais ils ne s'accommodaient pas de cette idée ils risquaient de passer de longs séjours en prison.

Une dernière réponse, qui est dans une large mesure liée aussi aux précédentes, tient compte de l'histoire de la conjugalité depuis le XIXe siècle et perçoit notre modernité moins comme une rupture que comme un réaménagement du schéma ancien. Cela veut dire que ce dernier aurait muté à seule fin de reconduire un modèle d'inégalité et d'abus, sauf que dorénavant les hommes et les femmes auraient changé de place.

Si jadis le mari avait des pouvoirs majeurs dans la famille, en était le chef et de ce fait avait des prérogatives particulières qui se projetaient sur l'ensemble de la classe d'hommes, désormais ce pouvoir revient aux femmes. Celles-ci sont devenues les figures clés du modèle familial actuel, ce sont elles qui se sacrifient plus que quiconque pour qu'il fonctionne tandis que les hommes sont devenus des figures secondaires et dans une large mesure asservies à la volonté des premières.

Ce système, on l'a vu, est fondé entièrement sur le libre consentement des femmes à la maternité. Cela s'exprime par un pouvoir unilatéral et arbitraire qu'elles exercent sur les libertés procréatives et familiales des hommes. Or le consentement à la maternité ne saurait se séparer de celui des femmes à la

pression grave dans le but réel ou apparent d'obtenir un acte de nature sexuelle, que celui-ci soit recherché au profit de l'auteur des faits ou au profit d'un tiers ».

sexualité. La mère moderne est un sujet dont l'esclavage s'appuie sur son entière liberté : du rapport sexuel jusqu'à l'accouchement. Il est donc normal que cette position clé dans le système lui octroie des privilèges spéciaux en matière sexuelle à l'instar de ceux qu'elle avait d'abord obtenus en matière de procréation et de filiation. Il y a quelques années j'ai consacré un livre[1] au projet du mouvement féministe, aussi bien français qu'américain, de donner aux femmes le droit unilatéral – et sans que cela puisse être réfuté par la mise en cause de leur parole – de qualifier un acte sexuel de viol. Plus ces pouvoirs sont arbitraires et démesurés, plus les institutions fabriquent des positions d'autorité par la crainte et par la menace, qui sont aussi des moyens pour que celles-ci remplissent leurs buts. N'est-ce pas la volonté politique d'instaurer cette crainte et cette menace l'idée que véhicule le slogan mille fois rabâché selon lequel il faut « changer les mentalités » des hommes, qui est comme une réminiscence des slogans de Saint-Just ou de Staline ?

Cette volonté politique explique en partie les peines excessives pour les crimes sexuels. Et c'est peut-être ainsi que l'on pourrait expliquer pourquoi tout en étant sexuellement dominées les femmes ont le pouvoir difficilement contestable devant un tribunal de transformer un rapport sexuel en un viol – de la même manière qu'elles peuvent transformer leur amant en père contre son gré. Car à la différence du système précédent où les hommes étaient les chefs de famille, le pouvoir que l'on octroie aux femmes en matière de crimes et délits sexuels n'est pas à proprement parler

1. *Une société de violeurs ?*, *op. cit.*

sexuel. Il ne consiste pas pour les femmes à avoir le droit d'abuser sexuellement quiconque, mais à infliger des châtiments extrêmes à ceux qui ont tordu leur volonté et même à transformer un acte sexuel consenti en un viol. Comme si leurs désirs sexuels refoulés trouvaient dans les châtiments les plus cruels le moyen de s'exprimer.

Pourtant, rappelons-nous que dans le système précédent le droit pénal dépendait de la position des maris dans le couple conjugal. Alors que le nouveau droit des offenses sexuelles n'a pas touché dans un premier temps au couple. Il lui a fallu dix ans depuis la loi de 1980 pour que la jurisprudence le fasse. Et quinze ans de plus pour que le système actuel finisse par produire une mutation structurelle au regard de celui du Code Napoléon.

b. Le viol dans le couple

Depuis la loi de 1980 deux grands arrêts de la Cour de cassation sont intervenus dans ce domaine. Le premier, en date du 5 septembre 1990[1], avait admis pour la première fois qu'un homme puisse violer son épouse. Pourtant, cette doctrine avait donné lieu à de vives polémiques à cause des faits particulièrement violents soumis au jugement[2]. Comme si la Cour de cassation, loin d'avoir rompu avec une règle vieille de presque deux siècles, s'était laissé émouvoir par

1. Chambre criminelle de la Cour de cassation, 5 septembre 1990 ; *Bulletin criminel*, n° 313.

2. Le prévenu avait carrément torturé sa femme qui s'était avérée enceinte, avant de la soumettre à des pénétrations vaginales, anales et en lui introduisant des corps étrangers.

la brutalité d'un mari. Pourtant, l'arrêt est clair : le crime de viol, dit la Cour, n'exclut pas de ses prévisions les actes de pénétration sexuelle entre personnes unies par le lien du mariage lorsqu'ils sont imposés dans les circonstances prévues par la loi.

Or les incrédules se sont vite détrompés. Dans l'arrêt du 11 juin 1992[1] les faits soumis au jugement n'avaient rien de particulièrement barbare. Il s'agissait d'un couple qui depuis quelques années, et selon les souhaits de l'épouse, faisait chambre à part. Une nuit le mari lui annonce qu'il va la violer, avant de passer à l'acte. Cette nuit-là, elle ne dit rien, mais lorsque quelques jours plus tard il recommence, l'épouse décide de porter plainte. La Cour a alors affirmé que « la présomption de consentement aux actes sexuels accomplis au sein du mariage ne vaut que jusqu'à preuve contraire ».

C'est ainsi qu'a été aboli le pouvoir de l'époux de forcer sexuellement son épouse et que le crime de viol s'est définitivement séparé de sa référence au mariage. Dorénavant il y aurait une homogénéité presque parfaite entre le consentement dans le couple conjugal et en dehors de celui-ci. Je dis « presque parfaite » parce que l'expression de la Cour créait une présomption de consentement aux actes sexuels accomplis au sein du mariage, qui n'existait pas en dehors de celui-ci. Cela pouvait exclure de la qualification de viol le fait, par exemple, de pénétrer sexuellement son épouse alors qu'elle dormait. Ou bien d'avoir des relations avec elle pendant qu'elle était ivre ou droguée. Le

1. Chambre criminelle de la Cour de cassation, 11 juin 1992 ; *Bulletin*, n° 232, p. 616.

consentement présumé signifie qu'il n'est pas nécessaire que la femme acquiesce consciemment et clairement. Pour prouver que le consentement n'existait pas il fallait que la femme soit contrainte directement et clairement par son époux. Mais comme nous le verrons ce petit bémol qui figurait encore dans une loi de 2006 finirait bien évidemment par disparaître.

Or c'est précisément cette loi du 4 avril 2006[1] qui va renforcer les peines pour le viol conjugal et l'étendre aux concubins et aux partenaires du pacs. Dorénavant le fait d'être en couple avec la victime est une circonstance aggravante du viol, qui est puni de 20 ans de prison – 5 ans de plus que le viol simple. Par ailleurs, cette circonstance aggravante sera aussi constituée lorsque les faits sont réalisés par l'ancien conjoint, concubin ou partenaire pacsé dès lors que l'infraction est commise en raison des relations ayant existé entre l'auteur et la victime. Il faudra attendre la loi du 9 juillet 2010[2] pour que la présomption de consentement entre époux jusqu'à preuve contraire disparaisse du Code pénal.

Le délit d'adultère ayant été aboli en 1975, dorénavant le couple est plus protégé des dangers sexuels provenant de l'intérieur que de l'extérieur. Qui plus est, pour ajouter à cette étrangeté le viol dans le couple est plus puni qu'entre personnes qui n'ont jamais couché ensemble. Cet écart de peine sur lequel je reviendrai montre que le caractère d'exemplarité du couple

1. Loi renforçant la prévention et la répression des violences au sein du couple ou commises contre les mineurs.

2. Loi relative aux violences faites spécifiquement aux femmes, aux violences au sein des couples et aux incidences de ces dernières sur les enfants.

fonctionne aussi pour la sexualité non consentie, et non seulement pour fragiliser celle qui est consentie mais « sans attaches ». Or cette fonction de modèle n'agit pas de la même manière dans un cas comme dans l'autre. Si dans le second il tend à renforcer le couple en promouvant le sexe « avec attaches », dans le premier il le menace en son cœur même comme l'avait bel et bien compris Tolstoï dans *La Sonate à Kreutzer*.

2. Une mutation structurelle

La question que l'on peut se poser est de savoir pourquoi on a fait de la conjugalité une circonstance aggravante du viol, ce qui revient à punir ce crime aussi sévèrement que celui commis sur un mineur de 15 ans ou sur une personne infirme.

Une explication possible est le fondement sexuel du couple. Ce dernier se définit par la nature sexuelle de la cohabitation des partenaires. La circonstance aggravante du viol dans la vie conjugale est une manière d'affirmer que le fondement de ce dernier est le consentement au sexe. Ce crime pourrait être perçu comme une atteinte à l'institution elle-même. C'est un crime contre le couple – puni des mêmes peines que les violences suivies de mort sans intention de la donner dans la loi de 2010 sur les violences faites aux femmes. Un acte qui symboliquement détruit le concept du couple.

Or le consentement au sexe est une catégorie juridique qui se prête très mal à l'ouverture d'un avenir indéfini. Il est de chaque jour, de chaque instant. Il ne peut pas se promettre pour le futur ni se prévaloir de son passé. Il est précaire et fragile. Comme si ce qui caractérisait cette institution était son pouvoir de se dissoudre et non pas celui de se perpétuer. N'est-ce pas ce à quoi on peut s'attendre lorsque le couple n'a pas pour fondement l'« union spirituelle » de deux personnes – pour rependre l'ancienne définition du mariage – mais le consentement au sexe ?

C'est d'ailleurs de cette manière que le législateur et le juge ainsi que la société dans son ensemble perçoivent la rupture des couples. Ce qui compte c'est que les conflits qui naissent des séparations s'estompent vite afin notamment de mieux régler l'avenir du couple parental qui, lui, est indissoluble jusqu'à la majorité des enfants.

En bref, le fait que la conjugalité soit devenue une circonstance aggravante du viol signifie que toutes les unions, y compris le mariage, se sont alignées sur le concubinage d'autrefois, lequel était placé du côté du « mauvais sexe », que la société cherchait à décourager par tous les moyens. Couple dont la fragilité voulue par la société avait poussé Anna Karénine à se jeter sous un train.

Mais on peut tenter une autre explication si l'on tient compte que la presque totalité des viols au sein des couples est le fait des hommes sur les femmes. Une explication qui, loin de contredire la première, la complète. On peut penser qu'il s'agit de l'inversion du régime matrimonial précédent. Le plein droit de violer qu'avaient les maris – et qu'ils n'avaient qu'au sein du mariage – s'est transformé en droit des femmes de les faire punir pour ne pas avoir respecté leur consentement. De les faire punir plus sévèrement que les hommes qui ne sont pas en couple avec elles.

Cette interprétation a l'avantage de rendre plus clairs les rapports entre le viol conjugal et la filiation si l'on tente de rester dans la comparaison avec le régime précédent. Dans ce dernier, le viol conjugal était « compensé » par la présomption de paternité qui obligeait les hommes, sauf dans des cas très exceptionnels, à devenir pères de tous les enfants issus de leur épouse. Dans le régime actuel, le droit de punition maximal qu'ont les femmes au sein du couple est « compensé » par celui qu'ont les hommes de contester une paternité non biologique. Le droit des femmes de consentir à un rapport sexuel en dehors du couple est protégé par des sanctions moins spectaculaires car il se double de celui d'imposer à l'homme une paternité non désirée par lui.

Les conséquences de ces inversions structurelles dans les positions des hommes et des femmes sont complètement différentes au regard de la survie du couple. Les pouvoirs dont jouissaient les maris sur leurs épouses étaient répugnants et intolérables selon les idéaux d'égalité et de liberté. Mais c'était aussi un pouvoir inclusif et non pas expulsif. Il visait à organiser la vie familiale et non pas à la briser. C'était une violence qui aimantait les membres d'une famille autour du pouvoir d'un seul, une violence ignoble qui visait non pas à séparer mais à souder. Alors que le régime du Sexe donne aux épouses et aux concubines des pouvoirs purement expulsifs. Il ne vise pas à organiser la vie familiale mais à la briser – même si l'on ne cesse d'affirmer qu'il s'agit de « changer les mentalités » – et donc à fournir à long terme un modèle normatif alternatif à la misogynie et au machisme. Expulser dans le sens propre et figuré l'homme voire le père, cette figure secondaire, incertaine et dangereuse, afin de protéger le nœud primordial de la famille qu'est le rapport des mères à leurs enfants. Il s'agit d'une violence qui sépare au nom de l'égalité alors qu'elle existe précisément pour maintenir les femmes dans l'inégalité.

Or le fait d'appliquer le crime de viol aux partenaires d'un couple sans la présomption de consentement qui existait jusqu'en 2010 pour les époux – et qui plus est avec circonstance aggravante – pose une série de problèmes majeurs. Ainsi, par exemple, un mari ou un concubin ne pourra pas pénétrer son épouse ou sa concubine endormie ou ivre. Et que dire des disputes qui se terminent par une relation sexuelle qui commence par être un peu forcée pour finir par être consentie, comme la célèbre scène du film *A History of Violence* de David Cronenberg ?

Autant de situations de la vie courante qu'ignorent les victimes de viol qui ne sont pas en couple avec leurs agresseurs. Et comment une femme économiquement dépendante de son mari, qui ne peut pas le quitter et qui se sent obligée d'entretenir des rapports de temps en temps avec lui, ne sera-t-elle pas tentée de penser que le consentement qu'elle donne n'en est pas un ? La vie conjugale abritera donc un nombre incalculable de viols dont la dénonciation sera laissée au libre arbitre des femmes. La vie en couple rendra la preuve de ce crime plus difficile, ce qui, dans la logique actuelle, au lieu d'empêcher les condamnations ne fera que donner toujours plus de pouvoir à la seule parole de la femme.

En bref, il suffit d'une volonté de nuire de cette dernière, *volonté plus ou moins consciente* – et c'est précisément cela le problème –, pour envoyer son époux ou son concubin de longues années en prison pour un crime qu'il n'a pas commis. Et qui va prétendre qu'une telle malveillance n'est pas plus probable, plus vraisemblable dans le cas d'une femme qui vit en couple avec son agresseur présumé que chez une autre qui n'a aucun lien avec lui ?

Dorénavant, tous les hommes qui vivent en couple sont menacés d'être accusés de viol, et ce même s'ils ne sont pas conscients d'avoir commis le moindre crime et même s'ils n'en ont commis aucun. En effet, le système actuel s'appuie sur le bon vouloir des femmes pour ne pas devenir un massacre des innocents. Un bon vouloir qui ne cesse d'être sollicité par les nombreuses campagnes pour dénoncer les violences des conjoints, dont celles sexuelles occupent le premier plan. Campagnes qui sont en train de porter leurs fruits non seulement par l'augmentation des plaintes, mais aussi dans les enquêtes de victimisation qui font apparaître un nombre de plus en plus important de femmes qui disent avoir été l'objet de viol de la part de leur conjoint. Ainsi, par exemple, sur les 86 000 femmes adultes qui disent aux enquêteurs en 2015 avoir été l'objet d'un viol, 50 % de ces viols seraient le fait du conjoint[1]. De cela l'on conclut que seuls 2 % des viols conjugaux font

1. Enquête IVSEA, « Impact des violences sexuelles de l'enfance à l'âge adulte », 2015, association Mémoire traumatique et victimologie, Laure Salmona (auteure) et Muriel Salmona (coordinatrice) ; Observatoire national de la délinquance et des réponses pénales, « La criminalité en France », rapport 2012, cité par Muriel Salmona, *Violences sexuelles. Les 40 questions-réponses incontournables,* Paris, Dunod, 2015, p. 4 et 87.

l'objet de plaintes. Il devrait donc y avoir chaque année 43 000 plaintes pour viol du conjoint, et des condamnations consécutives, alors qu'il n'y en a aujourd'hui qu'un peu plus d'un millier toutes victimes confondues.

Lorsque ces plaintes en masse pour viol conjugal verront le jour ce sera la fin du couple. En effet, être en couple sera une situation trop dangereuse pour un homme sensé car un conflit conjugal pourra le mener non pas à payer des prestations compensatoires ou des pensions, mais dans une sombre prison où il passera de longues années de sa vie. Il semble impossible d'envisager la vie en couple sous de si terribles menaces. Ce faisant, cette inversion structurelle du régime précédent qui donne des pouvoirs juridiques terrifiants aux femmes sur leur conjoint mettra un point final à l'expérience longue de deux siècles du couple conjugal. Et, avec ce dernier, à l'ensemble du régime du Sexe. Car celui-ci ne peut pas fonctionner sans le droit du viol actuel, sans l'arbitraire qu'il produit, sans l'excès des puissances conférées aux victimes. Si l'on met en cause la parole des femmes dans le viol conjugal, on fera de même avec les autres. Et ce sera le début de la fin des pouvoirs maternels. Et à sa place on devra inventer autre chose pour nous permettre de vivre ensemble, de procréer, de nous attacher aux autres.

Cette mise en cause ne devrait-elle pas nous obliger à reconsidérer aussi la panoplie des nouvelles infractions nées du nouveau droit de la sexualité ? Je fais allusion aux infractions qui ont pris le psychisme comme objet de protection juridique et qui sont aggravées et étendues dans les nouvelles lois sur les violences conjugales[1]. De la matrice psychique des infractions sexuelles sont sorties les lois sur le harcèlement moral – lequel s'applique aussi en milieu scolaire[2] – et sexuel[3]. Nées pour régler les relations hors couple notamment dans le cadre du travail, elles se sont par la suite installées dans le couple avant d'être étendues à l'ensemble des relations de sociabilité. Or ces atteintes purement psychiques sont indifférentes aux pouvoirs réels des individus dans une situation donnée, et pénalisent de simples propos. En effet, les mécanismes d'effraction par lesquels l'État rentre dans le couple sont semblables à ceux qu'il a employés pour fragiliser les liens significatifs que nous entretenons avec les autres dans toutes les sphères de la sociabilité. Ceux-ci sont devenus faibles, menacés à chaque instant de rupture par le biais de la judiciarisation. Or à l'instar du viol conjugal ces infractions sont aggravées lorsqu'elles ont lieu au sein du

1. Voir en particulier l'extension prise par le harcèlement psychologique par la voie électronique dans la loi du 4 août 2014, dont le nom « Pour l'égalité réelle entre les hommes et les femmes » a de quoi provoquer l'hilarité faute de nous remplir d'une énorme tristesse. Désormais les appels téléphoniques malveillants réitérés, les envois de messages de même nature émis par la voie des communications électroniques, ou les agressions sonores en vue de troubler la tranquillité d'autrui sont punis d'un an d'emprisonnement et de 15 000 euros d'amende.

2. La loi du 4 août 2014 modifia l'art 222-33-2-2 du Code pénal, qui punit désormais « tout fait de harcèlement » d'un an de prison et de 15 000 euros d'amende. La loi du 17 janvier 2002 avait puni le harcèlement moral au travail. Plus tard, il fut puni au sein du couple. La loi de 2014 unifie cette infraction, laquelle peut avoir lieu dans n'importe quel type de relation interpersonnelle.

3. Pour une synthèse de l'ensemble de ces infractions psychologiques et leurs transformations récentes, voir Agathe Lepage et Haritini Matsopoulou, *Droit pénal spécial*, *op. cit.*

couple pour montrer que ce dernier est non seulement exemplaire en matière sexuelle mais aussi relationnelle. Le couple précaire et expulsif s'est ainsi constitué en modèle d'une sociabilité qui l'est tout autant que lui. L'abolition du régime du Sexe devrait entraîner celle de ces nouvelles infractions. Tout au moins, c'est ce que nous pourrions espérer.

3. En conclure et reconstruire

Si les analyses historiques et institutionnelles que je viens de réaliser sont correctes on pourrait affirmer que notre régime actuel devrait disparaître parce qu'il a achevé la mutation structurelle de celui du Code Napoléon. Les grandes transformations historiques ont lieu toujours de la même manière : on dissout par une décision politique aux allures grandiloquentes ce qui se serait dissout par soi-même. On décide de tuer ce qui est déjà mort.

Achever une mutation structurelle signifie pour un système juridique comme celui qui organise la famille d'épuiser ses possibilités de transformation pour continuer à survivre en tant que système. En effet, même si nous avons du mal à le réaliser, nous continuons de vivre dans le système juridico-familial instauré par le Code Napoléon, qui a connu deux régimes d'existence : celui du Mariage et celui du Sexe. Le dernier étant le résultat des efforts faits par le premier pour maintenir un système fondé sur le couple conjugal, sur la socialisation familiale des enfants, sur les inégalités entre les hommes et les femmes, sur des restrictions sexuelles visant à assurer le fonctionnement de ces institutions.

C'est pourquoi nous sommes toujours les contemporains de Mme Bovary et d'Anna Karénine, de leurs souffrances, de leurs rêves, de leurs poisons amers.

Or il s'avère que le régime du Sexe non seulement n'est plus en mesure de garantir la survie du système qu'il avait cherché à préserver mais qu'il n'a plus de ressources pour laisser la place à un régime nouveau. Cela signifie qu'une mutation a épuisé les possibilités de survie d'un système. Et c'est difficile à admettre car nous rendons naturelles des formes d'organisation de la vie qui sont politiques et précaires, même quand leurs effets sont aussi délétères que ceux issus de notre régime du Sexe. Ainsi, par exemple, il suffit de proposer de modifier ce qui est au cœur de ce régime, la figure maternelle actuelle, pour qu'aussitôt on pense que celui ou celle qui tiendrait de tels propos ne parle pas sérieusement ou que son but est en réalité d'anéantir l'espèce humaine. Et pourtant, il n'y a pas si longtemps, l'idée que la maternité et la paternité soient des figures égalitaires – que ce ne soient pas les femmes ni les familles qui se chargent de socialiser les enfants mais la collectivité – était très répandue chez les réformateurs politiques. Alexandra Kollontaï, Clara Zetkin, Wilhelm Reich ont été parmi eux pour ne citer que ceux du début du XXe siècle[1].

Pourtant, comme la situation que nous vivons n'a pas d'échappatoire, il nous incombe désormais d'imaginer ce qui adviendra une fois que cette figure

---

1. Voir Wilhelm Reich, *La Révolution sexuelle. Pour une autonomie caractérielle de l'homme*, traduit de l'anglais par Constantin Sinelnikoff revue et corrigée par le Wilhelm Reich Infant Trust Fund, Paris, Christian Bourgois, 1982 ; et Sandrine Garcia, *Mères sous influence. De la cause des femmes à la cause des enfants*, *op. cit.*

maternelle sera mise en cause et avec elle le régime du Sexe. Tel Napoléon à l'heure de rédiger ses Codes nous devrons fonder un nouveau système sur les décombres du régime actuel.

Cette posture nous plonge dans une marée d'interrogations lancinantes. Est-ce que le couple va survivre et le doit-il ? Et s'il survit, sous quelles formes ? Et quel rôle octroyer à l'État dans nos vies privées, dans nos rapports aux autres ? Est-ce que l'on peut imaginer qu'il soit non pas le ciment négatif mais positif du lien social ? Et comment concevoir la sexualité dans un régime qui ne va plus l'assujettir à un quelconque projet familial ?

Deux modèles s'ouvrent à nous. Le premier ressemble au nôtre au point qu'il l'a dans une très large mesure inspiré. C'est celui que Wilhelm Reich propose dans son célèbre ouvrage *La Révolution sexuelle.* Mais cette ressemblance est purement de façade car cet auteur a conçu un couple sexuel sans les inégalités qu'entraîne la maternité et sans que les femmes soient dépendantes économiquement des hommes.

L'autre modèle, qui peut nous paraître plus étranger car il est à l'opposé du nôtre, est celui dessiné dans ses grandes lignes par Charles Fourier. Il propose la fin du couple et son remplacement par une société dans laquelle le sexe serait le socle du lien social grâce à son inscription dans un projet philanthropique généralisé.

C'est donc l'heure de se plonger dans l'examen de l'un et de l'autre.

V

Sortir du couple ?

« Il n'est vraiment pas nécessaire de prendre son vol pour arriver au beau milieu du soleil, mais il importe de ramper sur terre jusqu'à ce que l'on y trouve une petite place propre où le soleil luit parfois et où il est possible de se réchauffer un peu[1]. »

Franz Kafka

Imaginons que des milliers de femmes se réunissent dans chacune des capitales des grands pays démocratiques du monde et dans les grandes villes de province pour faire une grande manifestation. Elles portent toutes des pancartes qui disent ceci : « Nous ne voulons plus être les nounous de nos enfants », « Nous refusons d'envoyer les hommes en prison », « À bas le sexe avec sentiments », « Nous sommes toutes des putes ». Puis, dans une sorte de furie collective certaines d'entre elles préparent des bûchers qui éclairent la nuit et leurs consciences et leurs mémoires et leurs désirs, tout ce qui leur est cher.

1. *Lettre au père* (1919), traduit de l'allemand par Marthe Robert, Paris, Gallimard, 1957.

Et soudain, elles commencent à jeter des couches et des cahiers et des bulletins d'école et des balais et des produits de nettoyage au feu. Elles sont si heureuses quand elles sentent l'odeur de leurs anciens instruments de torture brûler.

Mais tout cela est déjà de l'ordre de la commémoration car leurs enfants sont depuis quelques années placés dans des centres collectifs dans lesquels ils profitent des multiples compétences éducatives d'excellents professionnels. Tandis que leurs mères – et aussi leurs pères – ne les voient que quelques heures par semaine. Et ce non pas pour les éduquer, mais pour les cajoler et les gâter comme le feraient non pas des parents mais des grands-parents. Je n'oserai pas décrire ici l'architecture de ces centres collectifs, ni la couleur ni la longueur des uniformes des enfants comme l'aurait fait Charles Fourier car je suis hélas dépourvue de son imagination d'utopiste. Et je serais encore moins capable de décrire dans le détail le rythme de travail des enfants. Mon seul but est d'imaginer quel serait le sort de la sexualité et du couple dans un monde comme celui-là.

Une première possibilité est de conserver le couple, sauf que les hommes et les femmes n'y chercheraient pas des choses différentes comme c'est le cas aujourd'hui. Ils auraient des attentes semblables autour de la sexualité, de l'amour et de la vie commune. Cela était le projet de Wilhelm Reich, le grand théoricien de la révolution sexuelle.

1. Jusqu'à ce que la mort (du désir) nous sépare

Wilhelm Reich (1897-1957) a décrit l'un des modèles qui pourraient être établis une fois fini l'esclavage du maternage privé et donc aussi les inégalités réelles entre les hommes et les femmes. Il s'agit d'un modèle de couple dont la durée ne doit pas excéder celle du désir sexuel que les partenaires éprouvent l'un envers l'autre. Et s'il faut commencer par les théories de ce célèbre sexologue c'est parce qu'elles sont les plus proches de nos intuitions et de nos expériences. Qui plus est, des hommes et des femmes dont la fortune et la célébrité ont fini par miner le sens des convenances et les préjugés s'accommodent assez bien – et ce, depuis longtemps[1] – de l'idée du couple conçue par Reich : ils se séparent et ils se remarient un nombre incalculable de fois. De fait, cet auteur est si proche de nous qu'il a été l'un des théoriciens les plus influents de ce mouvement culturel foisonnant qui a précédé et accompagné la révolution sexuelle des années 1970 – même s'il aurait été horrifié d'apprendre ce que ces sociétés qu'il n'a pas connues en ont fait.

Dans son ouvrage *La Révolution sexuelle* (1936)[2] il prône la suppression du mariage et son remplacement par un couple fondé sur les désirs réciproques

1. Voir notamment Kenneth Anger, *Hollywood Babylone*, traduit par Gwilym Tonnerre, Paris, Pauvert, 1959. Dans ce livre on peut mesurer la liberté sexuelle et matrimoniale des comédiens et des comédiennes de Hollywood depuis les débuts du cinéma.

2. Wilhelm Reich, *La Révolution sexuelle*, *op. cit.*

des deux partenaires sans qu'aucune dépendance économique ou familiale perturbe cette union. La mort du désir de l'un des deux marquerait ainsi la fin du couple. Car pour Reich l'amour n'était pas un phénomène indépendant de la chair. Il n'était que gratitude pour les plaisirs passés et surtout attente des plaisirs futurs. L'amour n'était rien d'autre qu'un désir spiritualisé. Sans un élan sexuel ardent la survie d'un couple n'était que névrose et esclavage. Sauf pour ceux composés par des personnes mûres ou âgées dont l'énergie sexuelle est amoindrie.

Or si Reich a gardé le couple comme modèle ce n'est pas par une sorte de nostalgie envers le mariage, qu'il abhorrait. Il était persuadé que le couple était le cadre le plus propice pour favoriser la plénitude de l'expérience sexuelle. Il s'agissait donc de rester ensemble jusqu'au moment où la fidélité ne serait plus naturelle mais imposée par d'autres considérations que celles du désir lui-même.

Chaque personne s'engagerait ainsi dans une quinzaine d'unions pendant sa vie. Les séparations seraient beaucoup moins compliquées parce qu'elles n'auraient pas de conséquences au regard des enfants, elles n'ouvriraient droit à aucune compensation pécuniaire, mais également parce que chacun connaîtrait à l'avance la précarité inhérente à ces unions. Sans compter qu'il y aurait beaucoup plus de personnes qu'aujourd'hui dans les mêmes conditions – en train de se séparer ou séparées –, ce qui pourrait rendre plus simple de se remettre en couple. Reich croyait que ce serait une société de gens perpétuellement amoureux et transis de désir. Jamais déprimés ni découragés ni suicidaires, mais pleins d'espérances grâce à toutes les molécules bienfaisantes que produiraient leurs cerveaux. Une population qui n'accepterait pas qu'un gouvernement la considère comme un ramassis d'idiots capables d'accepter des mesures qui iraient à l'encontre de leurs intérêts vitaux. Car pour Reich le plein développement de nos capacités sexuelles n'était pas seulement une nécessité physiologique ou émotive mais aussi éthique et politique.

En effet, si quelqu'un avait demandé à Wilhelm Reich : « Le sexe, ça sert à quoi ? », il aurait répondu : « À donner un sens à la vie. À ne pas trouver que l'existence humaine est une pure et simple absurdité parce que la mort guette. » Car la sexualité avait pour Reich un parfum d'infini. Comme si après la mort de Dieu, dont notre culture a eu tant de mal à se consoler, le sexe allait devenir l'âme de l'ère de l'immanence, de l'ici et du maintenant. C'est plus ou moins dans ces termes qu'il présente les choses dans l'épigraphe de son ouvrage : « Celui qui accomplit pleinement ses fonctions vitales n'a pas besoin de théorie de la vie. » Il exprime ainsi une idée que Rousseau avait avancée dans l'*Émile* : il n'y a que ceux qui ne vivent pas pleinement qui craignent la mort. Car la question du sens de l'existence humaine est liée à cette peur-là : elle advient chez ceux qui ne savent pas profiter du temps qu'ils ont à vivre. La terreur de l'audelà exprime leur tristesse de ne pas pouvoir rattraper ce qu'ils n'ont pas su avoir ici-bas.

Reich croyait que la cause de cette impossibilité n'était pas éthique – et donc dépendante d'un choix individuel – mais politique. La société réprime la sexualité, la plus puissante des énergies vitales. Cette répression était à ses yeux à l'origine non seulement des névroses, des perversions et même des crimes sexuels mais aussi des sociétés et des individus tentés par le fascisme[1]. Et ce qu'il entendait par fascisme allait bien au-delà de l'hitlérisme. Reich avait fini par être tout aussi hostile au communisme – dont il avait attendu dans un premier temps qu'il réalise la révolution sexuelle à laquelle il aspirait. Mais également à toutes les idéologies autoritaires, nationalistes, guerrières qui se servaient des désirs refoulés des individus pour les transformer en des armes d'anéantissement et d'autodestruction. Car la sexualité à la différence de la faim pouvait être refoulée et au lieu de nous pousser à la révolte nous conduire à la plus atroce des obéissances[2].

En bref, le libre épanouissement de la sexualité était à tel point une condition pour la démocratie qu'il avait envisagé d'octroyer aux personnes des « droits sexuels » pour qu'ils deviennent des citoyens actifs et jaloux de leur liberté et non seulement des êtres heureux. Par cela il n'entendait pas la mise à disposition de partenaires pour ceux qui en manqueraient mais le

1. Voir Wilhelm Reich, *Psychologie de masse du fascisme*, traduit par Pierre Kamnitzer, Paris, Payot, 1972.

2. Ces théories qui ont pu nous sembler jusqu'à il y a quelques années obsolètes semblent parfaitement pertinentes pour décrire le psychisme des recrues du terrorisme islamiste. Le principal ressort de cette idéologie est le refoulement sexuel des jeunes. Or les esprits « progressistes » veulent considérer le refoulement sexuel qui commande l'islam radical comme étant un « choix » aussi légitime et sans conséquences que d'autres. Ces interprétations sont parfaitement cohérentes avec les idéaux de restriction sexuelle de notre régime actuel. Le même phénomène de refoulement sexuel est à l'œuvre chez les tueurs de masse, dont les journaux intimes et les messages qu'ils ont laissés après leur suicide montrent qu'ils n'avaient aucune activité sexuelle. Voir le numéro spécial consacré à ces meurtriers par le magazine *Society*, « Tueurs de masse », décembre 2015.

fait qu'on donne à chaque couple la possibilité d'entretenir « sans être dérangé » des rapports sexuels ; y compris aux adolescents pour qu'ils puissent s'éduquer entre eux à la liberté.

Pour Reich, les droits sexuels étaient les seuls qu'un État devrait garantir, lequel devrait abolir toutes les lois qui tentent de régler les pratiques du plaisir. Car si pour Reich dans le domaine sexuel il y avait des violences et des abus ce n'était pas parce que l'être humain était un dangereux prédateur auquel il aurait fallu mettre des digues mais parce que ses désirs étaient refoulés à cause d'une organisation sociale défectueuse. À ses yeux, l'*autodétermination sexuelle,* c'est-à-dire le fait qu'aucun code juridique ne vienne nous dire ce que nous pouvons faire ou ne pas faire, était une condition pour l'existence d'un sujet capable de critiquer l'ordre établi, de juger et d'agir par lui-même. C'est l'institution du mariage[1] qui avait introduit toute cette série de distorsions entre les fonctions sexuelles et leur accomplissement. Institution dont le but était non seulement de soumettre les femmes mais aussi de reconduire l'idéologie autoritaire qui avait servi à rendre les peuples esclaves.

Or le modèle du couple que Reich propose est critiquable de maints points de vue. Il serait facteur d'une grande instabilité. Faire de ce dernier la cellule de base de la vie sociale et affective et le rendre aussi précaire que le désir qui le fonde ne semble pas viable

1. La mère de Wilhelm Reich s'est suicidée quand son fils de 14 ans a fait part à son père de la liaison que la malheureuse entretenait avec l'un de ses précepteurs. Comment cet homme aurait-il pu manquer à sa mission de libérer les hommes et les femmes de la sexualité matrimoniale ?

pour intégrer les individus. Nos sociétés connaîtraient – quoique à un moindre degré qu'aujourd'hui – des populations exclues du « bonheur » du couple et donc condamnées à une solitude sociale et sexuelle pendant de longues périodes. Et certains, pendant leur vie entière. À vrai dire l'idée de l'individu sexuellement souverain et autodéterminé ressemble trop à celle que se font les économistes libéraux de l'homme. Reich oublie qu'il y a des individus qui auront le plus grand mal à trouver des partenaires, si désireux qu'ils soient d'entretenir des relations sexuelles épanouies et donc, selon son point de vue, de former un couple. Ces malheureux se transformeraient en des citoyens de seconde zone, perçus comme des malades et aussi comme des sujets politiquement suspects. Sans compter que Reich condamnait fermement l'idée de la prostitution.

Pour éviter que le couple passionnel ne soit la source de désintégration sociale et de déséquilibre psychique il faudrait mettre en place à côté de celui-ci des structures plus solides susceptibles de garantir un certain cadre de vie. Des associations ou des unions de personnes avec lesquelles on partagerait une habitation au sein de laquelle on mettrait en place des dispositifs de solidarité économique ou affective. Des associations qui ne seraient pas fondées sur le sexe mais sur l'amitié, le travail ou d'autres projets plus solides que le couple passionnel. Dans ces conditions il est difficile de comprendre pourquoi conserver le modèle du couple cohabitant. Pourquoi, en substance, si le couple est le meilleur moyen d'épanouir sa sexualité, faut-il que ce soient deux personnes qui partagent d'autres expériences que le sexe, comme le domicile, les repas, les vacances, les soirées entre amis ? Pourquoi chacun ne vivrait-il pas de son côté ou ne ferait-il pas partie de ces associations de personnes que j'ai mentionnées ?

Pourtant, le principal grief que l'on peut faire aux théories de Reich n'est pas celui-là mais l'idée ultralibérale de l'économie sexuelle sur laquelle elles s'appuient et qui peut faire penser à première vue aux nôtres. J'y reviendrai. L'importance suprême que Reich accorde à l'épanouissement sexuel pour la vie et la santé des individus pris isolément empêche que celui-là puisse être conditionné à des intérêts sociaux plus élevés. La notion d'autodétermination sexuelle en est la preuve la plus éclatante. Une autodétermination qui est entièrement redevable des désirs et des plaisirs de chacun. L'activité sexuelle est ainsi terriblement égoïste et c'est par cet égoïsme assumé que Reich escompte que chaque individu prendra sa part de plaisirs, un peu comme si une main invisible se chargeait du bonheur de chacun sans la moindre intervention d'un pouvoir central qui représenterait les intérêts de la collectivité. Et si chacun d'entre nous peut voir les effets néfastes de ces idées pour l'économie, on a beaucoup plus de mal à avoir le même discernement lorsqu'il s'agit de sexe.

Pourtant, si l'on y regarde de plus près, on comprendra que l'égoïsme sexuel est plus fort encore dans notre société que l'égoïsme économique. Car ce dernier autorise de temps en temps la charité alors que pour le premier cette idée est révoltante voire impossible. Certes, l'égoïsme de notre système n'est pas fait au nom de l'épanouissement mais de l'« intégrité sexuelle ». Il s'accomplit dans le pouvoir de dire

« non » au rapport sexuel plus que dans son affirmation, mais les résultats sont plus ou moins les mêmes.

En effet, ainsi que je l'ai montré, l'égoïsme sexuel de notre régime est conditionné, lui, à des intérêts sociaux tenus pour plus importants que la liberté de chaque individu à profiter des plaisirs érotiques. Notamment celui de créer des liens plus ou moins « durables » pour que les femmes puissent réaliser leur projet de maternage dans de « bonnes conditions ». Même si j'ai abondamment expliqué que la durabilité de tels liens était sérieusement compromise à cause de la structure du couple actuel et que la notion de « bonnes conditions » ne se réfère nullement à l'intérêt des femmes mais au contraire à leur sacrifice pour que le régime actuel tienne comme étant le « bien commun ». Il ne s'agit donc pas d'un égoïsme jouissif comme celui de Reich mais restrictif. Le « non » au sexe tel que les féministes actuelles le conçoivent en France et qui déteint sur nos lois vise à exclure un partenaire non parce qu'il ne suscite pas le désir mais pour des raisons qui tiennent à une sorte de liberté métaphysique de résister à la domination des hommes. C'est pourquoi notre droit et nos juges ne cherchent jamais à savoir quoi que ce soit du désir de celles qui se plaignent d'avoir été agressées, seul compte leur consentement.

Par ailleurs, si l'on veut continuer la comparaison entre notre régime sexuel et celui proposé par Reich, on remarquera aussi que notre égoïsme sexuel vise à produire de la pénurie afin que les rencontres puissent être ouvertes à la construction des liens « durables ». L'ensemble des dispositifs aussi bien juridiques que moraux qui cherchent à produire cette pénurie (interdiction d'acheter des services sexuels, limitation de la pornographie, notion de sexe avec ou sans attaches, reconduction de l'idéologie ancienne de la « pute » pour faire allusion à celles qui couchent sans sentiments, peines démesurées et arbitraires pour les crimes et les délits sexuels) montre qu'elle n'a rien à voir avec celle provoquée indirectement par le modèle de Reich. En effet, chez ce dernier, la pénurie qui résulte de l'égoïsme sexuel est vouée à garantir le plaisir de chaque individu, à l'atteindre de la manière la plus intense qui soit.

C'est cette importance grandiloquente accordée à l'épanouissement sexuel des individus *pris isolément* qui conduit Reich à imaginer que le couple sexuel devrait être érigé en modèle de base de la sociabilité en dépit de sa précarité et de son potentiel d'exclusion. Or si ce modèle exerce toujours un certain charme sur nous c'est parce qu'il semble être un correctif de notre système actuel. Nous avons le sentiment qu'il accomplit nos idéaux sexuels sans les contraintes de la maternité et de la dépendance économique qu'elle génère. Reich est notre paradis impossible, impossible parce que nous avons des enfants à élever et donc des femmes à sacrifier pour le faire.

Quoi qu'il en soit, le projet de Reich n'est pas capable de concilier les désirs d'épanouissement sexuel des individus et le renforcement des liens de sociabilité qui font défaut dans notre système. Et l'on se demande s'il ne serait pas encore plus nuisible aussi bien pour l'un que pour les autres. Le seul avantage est l'idée d'un couple à terme, ce qui pourrait mener à la constitution de nouveaux espaces de sociabilité par le biais des associations de personnes que j'ai mentionnées, y compris domestiques. Mais ce dernier recours n'étant pas sûr et évident dans une société comme la nôtre qui nous a accoutumés à vivre dans l'isolement, on pourrait se retrouver dans un monde dont les liens de sociabilité seraient encore plus violents et précaires qu'aujourd'hui. Certes, ce ne serait pas forcément la maternité, le fait d'être homme ou femme qui déterminerait les positions dominantes dans le marché de l'amour mais d'autres qualités comme l'argent, la jeunesse, la beauté, la puissance sexuelle et autres qui opéreraient les partages. Et si ce système se libérait véritablement, est-ce que les couples dureraient quatre ans ? Leur durée ne serait-elle pas encore plus brève, si brève que l'idée même de couple qui en résulterait n'aurait rien en commun avec la nôtre ?

C'est pourquoi il semble indispensable d'explorer d'autres modèles possibles d'intégration de la sexualité dans la société. D'autres modèles dans lesquels elle ne soit pas séparatrice mais unificatrice et où personne ne resterait seul ou insatisfait. Qui plus est, un modèle dans lequel le plaisir de chacun serait redevable à celui de tous.

2. Charles Fourier ou le sexe saisi par la philanthropie

« *Il prévoit un âge où pousseront les oranges à Varsovie et où de l'eau de mer on fera de la limonade [...].*

Je ne vois pas ce que l'on gagnerait à prouver une fois pour toutes que Fourier était fou. Il n'est pas donné à tout le monde d'imaginer un monde peuplé d'antilions et d'anticrocodiles.

[...] la "folie" de sa cosmogonie et la finesse de sa critique sociale sont étroitement liées. Toutes deux affirment [...] que nos seules limites sont celles de notre désir[1]. »

Il peut sembler incongru de présenter ici les théories de l'amour de Charles Fourier qui, à première vue, ressemblent davantage à la littérature fantastique qu'à la science politique. Plus incongru encore de les considérer comme des alternatives sérieuses à la conjugalité actuelle. Même les plus grands spécialistes de l'œuvre de l'inventeur du phalanstère n'ont jamais pris au sérieux ses projets de réforme dans ce domaine.

Pour son biographe Jonathan Beecher, ces « bizarreries » sont non pas de véritables théories mais des symptômes psychologiques de Fourier. Celui-ci aurait eu « besoin d'imaginer un monde où ses propres désirs et besoins restés inassouvis trouveraient enfin leur satisfaction[2] ». C'est parce que Fourier n'aurait jamais réussi à établir une intimité avec une femme qu'il aurait abrité une « colère » envers les couples monogames « qui exhibent de manière indécente leur amour », écrit-il. Et, ajoute-t-il, « libertine en surface, l'utopie érotique de Fourier trahirait ainsi une volonté chez lui d'abolir un type de lien humain qui toute sa vie lui a manqué[3] ».

Pour Michel Bozon, les théories de Fourier visent à exciter plutôt le raisonnement que l'enthousiasme

1. Jonathan Beecher, *Fourier*, traduit par Hélène Perrin et Pierre-Yves Pétillon, Paris, Fayard, 1993, p. 15 et 26.
2. *Ibid.*, p. 336.
3. *Ibid.*, p. 336.

réformateur. Son but aurait été de montrer « à quel point comportements et émotions individuelles changent radicalement de sens et de valeur lorsque le contexte social se transforme[1] ». Comme si Fourier s'était limité à expérimenter dans ses théories cette plasticité de nos comportements et de nos émotions sans que leur contenu précis ait eu, en vérité, la moindre importance pour lui. Une démarche que l'on pourrait comparer à celle de Jorge Luis Borges qui adorait imaginer des sociétés perdues comme celle des Yahous qui « se cachent pour manger ou bien ferment les yeux » alors que « le reste, ils le font à la vue de tous, comme les philosophes cyniques[2] ».

C'est cette espèce de gêne que provoquent les écrits de Fourier sur l'amour qui explique aussi le destin qu'ils ont connu. Les cinq cahiers qui composent *Le Nouveau Monde amoureux* ont été écrits entre 1817 et 1819 mais ils n'ont été publiés pour la première fois qu'en 1967[3]. Ce « retard » serait dû à l'embarras des disciples de Fourier face à de telles bizarreries et semble-t-il à celui du maître lui-même qui ne voulait pas choquer ses contemporains dont il attendait, entre autres, qu'ils financent la mise en place de sa communauté idéale.

Pourtant, si l'on tient compte de l'histoire de la sexualité dans le système familial depuis deux siècles

1. Michel Bozon, « Fourier, le *Nouveau Monde amoureux* et mai 1968. Politique des passions, égalité des sexes et science sociale », *CLIO, Femmes, Genre, Histoire,* 2005, n° 22, p. 123-141.

2. Jorge Luis Borges *Le Rapport de Brodie,* traduit par Françoise Rosset, Paris, Gallimard, 1972.

3. Charles Fourier *Le Nouveau Monde amoureux,* édition établie et préfacée par Simone Debout-Oleszkiewicz, Paris, Anthropos, 1967. En 1999 Stock réédite cet ouvrage en conservant la même pagination.

on comprend la pertinence des réformes prônées par Fourier. Et contrairement à ce que laissait penser leur réception par les avant-gardes à la fin des années 1960 Fourier n'était pas comme Reich un « libérateur » de la sexualité dans le sens où il aurait poussé les individus à ne pas refouler leurs pulsions afin qu'ils se réalisent en tant qu'individus libres et autonomes. Son souci principal a été de faire de la sexualité le socle de la vie sociale, le plus puissant facteur de multiplication de liens humains. Pour y arriver il n'a pas hésité à proposer des compromis entre les désirs des individus et les nécessités de la collectivité. Des compromis qui sont, comme nous le verrons, de véritables « sacrifices » en vue de l'harmonie de l'ensemble. Car l'aspect essentiel des théories de Fourier était moins la libération des désirs refoulés – même si cela a été très important, de même que l'épanouissement de chacun – que la philanthropie sexuelle, concept dont la force révolutionnaire réside précisément dans son apparente incongruité.

Avant d'esquisser le modèle érotico-politique qui se dégage du *Nouveau Monde amoureux* il faut préciser que Fourier prônait l'égalité parfaite entre les hommes et les femmes et qu'il jugeait le degré de développement d'une culture à la manière dont ces dernières étaient considérées[1]. Et cet égalitarisme n'était pas une façade ou un vernis politique avec lequel l'on recouvrait des êtres qui auraient une nature sexuelle, émotionnelle ou intellectuelle différente de celle des

1. Pour la réception des idées de Fourier sur l'égalité entre les hommes et les femmes, voir Michel Bozon, « Fourier, le *Nouveau Monde amoureux* et mai 1968. Politique des passions, égalité des sexes et science sociale », *CLIO, Femmes, Genre, Histoire, art. cit.*

hommes. Aux yeux de Fourier, les femmes n'avaient même pas un quelconque « instinct maternel » qui les pousserait à entretenir une relation particulière avec les enfants. Ces derniers devaient être éduqués par la collectivité et non par leurs parents. Par ailleurs, dans le monde de Fourier les femmes sont des sujets érotiques égaux aux hommes, la diversité sexuelle étant le fait des « passions[1] » de chaque individu ; elle n'est en rien attribuable au genre.

a. Le couple ? Un horrible gaspillage

Aux yeux de l'inventeur du phalanstère, rien n'était plus absurde que le couple fusionnel, exclusif et monogame. Or lorsqu'il jugeait ces unions si sévèrement il ne pensait pas aux tourtereaux eux-mêmes dont il comprenait – avec un certain mépris, certes – la passion univoque de l'un envers l'autre. Ce qui le chagrinait c'était le gaspillage social de tant d'énergie libidinale en vue de tisser une relation qui n'unit *que deux personnes.* Alors que si cette énergie était bien employée elle pouvait servir à créer des liens avec des centaines voire des milliers d'individus.

Si l'énergie érotique avait à ses yeux une telle force c'est par la nature du désir humain. Celui-ci est polygame. Les êtres humains ont besoin d'une multiplicité d'amants. Les adultères et les « cocuages » que Fourier a pu largement observer le montraient bien. Et le désir, loin d'être unique et identique, pouvait emprunter les formes les plus étranges. Fourier

1. Pour une excellente analyse de la théorie des passions de Charles Fourier, voir Jonathan Beecher, *Fourier, op. cit.*, p. 241-259.

respectait toutes les expressions sexuelles minoritaires que la société de son temps répudiait, pour autant qu'elles ne portent tort à personne et qu'elles contribuent à la multiplication des liens. L'autre caractéristique des désirs est leur inconstance. La fixation à certains objets ne dure pas et, en plus, ce qui nous excite varie selon le moment de nos vies. En bref, pour assouvir leurs désirs érotiques les humains ont besoin d'un nombre incalculable de personnes.

Or cela ne serait pas suffisant en soi pour faire du sexe le ciment de la vie sociale. Il ne suffit pas de laisser libre cours à de tels penchants pour que cette unité collective autour du sexe se réalise. À la différence de Wilhelm Reich, Fourier ne croit pas à l'existence d'une main invisible qui s'en chargerait. Pour y parvenir, il faut ajouter un principe politique susceptible de donner sens et de façonner les activités érotiques. Ce principe est celui de la *philanthropie*. L'une de ses expressions, c'est le *droit au minimum sexuel*.

b. Le principe de la philanthropie

Fourier avait posé les bases d'une sorte de social-démocratie sexuelle. À l'instar du pain et du toit, une société bien organisée devait être en mesure de pourvoir aux nécessités sexuelles de chacun de ses membres. Que certains aient par la suite plus que d'autres, ce n'était pas un problème. L'important est que personne ne soit exclu de ces plaisirs. Pour que cela soit possible – sans faire appel aux mercenaires du sexe qu'il abhorrait –, il fallait que certains individus soient en mesure de sacrifier leurs désirs à leurs devoirs sociaux. Dans chaque communauté il y aura une *noblesse amoureuse* dont la fonction sera de donner des plaisirs érotiques aux nécessiteux et aux laissés-pour-compte. Fourier définit cette noblesse comme composée par « la classe d'âmes fortes et raffinées qui savent subordonner l'amour aux convenances de l'honneur, de l'amitié, et des affections indépendantes du plaisir[1] ».

En échange de ces sacrifices, ces personnes avaient une grande reconnaissance du public. Elles étaient idolâtrées, pouvaient bénéficier de postes importants qui leur permettraient de gagner beaucoup d'argent. Mais tout le monde ne pouvait pas aspirer à des charges aussi honorifiques. Il fallait passer par une série d'épreuves et avoir un véritable talent pour remplir une fonction si cruciale dans la collectivité.

Or la fonction sociale de cette philanthropie dépassait l'utilité que pouvaient en tirer les nécessiteux. En effet, ce qui comptait avant tout c'est l'existence d'un système de normes qui fasse de la philanthropie son plus haut principe en matière sexuelle. C'est ce principe posé au sommet du système qui explique que les couples monogames aient été déconsidérés. Ces derniers étaient l'expression de l'égoïsme, de l'exclusivisme, de la jalousie, émotions et dispositions placées au plus bas de ce système de normes. La philanthropie de la noblesse d'amour chargée de donner aux nécessiteux absolus pouvait devenir un exemple pour l'ensemble des membres de la société. Car en faisant don de temps en temps de plaisirs à des gens que l'on ne désire pas, chacun pouvait s'assurer un retour de cette « générosité » lorsqu'on ne serait plus désirable.

1. Charles Fourier, *Le Nouveau Monde amoureux*, *op. cit.*, p. 328.

Et l'on pourrait pousser encore la logique de ce principe – même si Fourier ne l'a pas fait (son manuscrit est resté inachevé) – et distinguer deux types de nécessiteux. Les premiers seraient les nécessiteux absolus, ceux dont personne au monde ne veut, même les plus indésirables. Les autres seraient des « nécessiteux relatifs », c'est-à-dire ceux dont une catégorie de personnes à laquelle ils aspirent ne veut pas, par exemple les femmes ou les hommes jeunes et beaux. Les nécessiteux relatifs seraient de temps en temps eux aussi l'objet des dons de la part de ces belles personnes, lesquelles penseraient qu'un jour elles auraient la même chose en retour.

Outre une véritable justice sociale en matière sexuelle, la philanthropie permettrait la naissance de pratiques plus raffinées. Une société qui assurerait un minimum sexuel à chacun peut s'autoriser un tel luxe car les besoins élémentaires y sont satisfaits. Et c'est la collectivité elle-même à travers des institutions comme les « cours d'amour » qui se chargerait de provoquer et de développer ces bizarreries si nécessaires à l'épanouissement sexuel. Une série de personnages baroques comme les « matrones » et les « confesseuses » s'occuperaient des appariements pendant les orgies, en respectant les goûts et les inclinations de chacun. Et là encore, les « fakirs » et autres figures de la charité sexuelle veilleraient à ce que personne ne soit mis de côté.

Le fait d'assurer le minimum sexuel permettait aussi aux sentiments amoureux « purs » que Fourier appelait « céladoniques », comme celui qu'éprouvait Don Quichotte pour Dulcinée, d'éclore et d'atteindre un degré de raffinement inédit. Car Fourier blâmait notre civilisation qui ne cessait de dégrader les sentiments en les confondant avec le désir et la pénurie qui l'accompagne. Des sentiments qui n'étaient que des masques ou des formes de rachat du désir sensuel. Et lorsqu'en dépit de cela cette forme d'amour purement spirituelle apparaissait, elle était l'objet dans la civilisation de risées et de moqueries selon Fourier. Pour récompenser l'amour pur et l'ériger en exemple il y avait des « vestales » qui entretenaient pendant plusieurs mois des relations sans aucun contenu sexuel[1].

c. Le couple angélique

L'autre expression importante de la philanthropie sexuelle est le *couple angélique* qui se trouve au sommet de la noblesse d'amour. Celui-ci était composé par deux personnes d'une grande beauté qui se désiraient

1. « Quand une femme sera bien pourvue de tout le nécessaire amoureux, exerçant en pleine liberté et variété bien assortie en athlètes matériels, en orgies et en bacchanales, tant simples que composées, alors elle pourra trouver dans son âme une ample réserve pour les illusions sentimentales dont elle ménagera plusieurs scènes et liaisons très raffinées et contrebalancer les jouissances matérielles. Dira-t-on qu'elle n'aura pas grand mérite et que cela lui sera bien facile, quand elle aura tout cet attirail de voluptés sensuelles, mais il reste que l'exercice du sentiment trouve beaucoup d'obstacles à surmonter ; le problème est d'en assurer le règne, de lui donner tout le relief possible et d'égaler son influence à celle du plaisir matériel et tel sera l'effet de l'harmonie où le sentiment brillera parce qu'il sera en juste balance avec l'amour sensuel. Tandis que dans notre perfide civilisation où l'on veut rompre l'équilibre, élever le sentiment au rôle supérieur, il est secrètement dédaigné et bafoué de tout le monde et il expose à toutes sortes de disgrâces le peu d'apôtres sincères qu'il joint à sa bannière », Charles Fourier, *Le Nouveau Monde amoureux*, *op. cit.*, p. 109.

follement mais au lieu de coucher ensemble se donnaient à d'autres. Non qu'elles ne coucheraient jamais ensemble mais pendant les premiers mois de leur rencontre elles s'en abstenaient et offraient leur partenaire à des tiers. Cela faisait naître dans ce couple une « sorte d'érotisme mental qui élève les conjoints au-delà des désirs matériels[1] » (p. 328). Ils seraient vénérés par la société pour leur générosité et le sacrifice qu'ils font en renonçant à se livrer à l'amour physique entre eux.

Le couple angélique est l'inversion parfaite du couple conjugal que nous connaissons, qui enlève tout à la société pour le donner à l'autre partenaire. Et comme l'a signalé à juste titre le biographe de Fourier, le couple angélique est aussi l'opposé de celui constitué par Mme de Merteuil et le vicomte de Valmont dans *Les Liaisons dangereuses.* Souvenons-nous que ce couple diabolique ne couchait pas – c'est cela au fond qui causerait la ruine de la marquise et du vicomte. Car ce couple, et notamment la marquise qui l'avait voulu ainsi, cherchait à subvertir les règles sexuelles et morales de son temps. S'ils ne couchaient pas ensemble c'était pour mieux corrompre les personnes qui les entouraient. Plus que cela. Car ils ont fini par les tuer et par mourir physiquement ou socialement. Le couple angélique, au contraire, symbolise de la manière la plus parfaite qui soit ce que le système de Fourier met à son sommet : la philanthropie sexuelle.

C'est parce qu'ils ne se donnent rien de physique entre eux que les deux partenaires peuvent en faire

1. *Ibid.*, p. 328.

don aux autres. Et ce don est considéré comme quelque chose de sublime et de presque religieux. C'est une manière de socialiser la libido individuelle, de dépasser l'égoïsme du couple fusionnel pour donner cette énergie à la collectivité. Or ce sacrifice ne fera qu'augmenter le désir que les partenaires du couple angélique éprouvent l'un pour l'autre. C'est ainsi que leur étreinte une fois la période des dons passée sera d'autant plus sublime.

d. L'orgie fouriériste

Fourier décrit une foule d'autres institutions qui visent à accomplir les fonctions de l'amour sensuel et spirituel. En premier lieu, la cour d'amour, régie par des personnages comme les pontifes, les fakirs, les matrones, les fées, les génies. Cette cour fonctionnait à la fois comme une institution judiciaire (elle veillait à ce que le code amoureux soit respecté) et récréative. Si d'une part elle organisait des orgies et autres divertissements, de l'autre elle imposait des sortes de pénitences sexuelles qui consistaient à satisfaire sexuellement les nécessiteux. Or comme beaucoup d'individus ne trouveront pas dans leur communauté d'origine la variété sexuelle dont ils rêvent, ils se déplaceront vers d'autres pour satisfaire leurs désirs. Les gens sujets à des manies ou à des penchants sexuels très rares se retrouveront régulièrement pour un rassemblement international qui sera « aussi sacré que celui de La Mecque pour les Mahométans ». Et chaque communauté organisera à son tour la réception des visiteurs d'autres communautés afin de veiller au meilleur assortiment d'affinités érotiques dans les orgies prévues à cette fin.

Outre satisfaire des désirs, l'orgie est le symbole du lien qui unit les individus à la collectivité. Elle sera faite en plein jour et toute la communauté sera censée y participer. Cela sans doute pour marquer, par contraste, le caractère antisocial du sexe réalisé en privé et notamment celui pratiqué par le couple conjugal. Or loin d'être des rencontres désordonnées dans lesquelles chaque participant perd son individualité, l'orgie fouriériste est méticuleusement organisée. Il y aura celle de « prélude », celle du « lendemain », celle de l'« adieu », et l'orgie fortuite. Il y aura aussi celle qui sera organisée comme un ballet : le quadrille omnigyne. Mais sans doute la plus bizarre est l'orgie dite de « musée » où chacun montrera la partie qu'il tient pour la plus belle de son corps.

e. Des milliers de relations au lieu d'une seule

Ce nouvel ordre permettrait l'explosion de nombreuses relations passagères ou d'une durée plus importante. Des relations qui pourraient coexister ou se succéder. Fourier pensait que la plupart des individus sont digynes, trigynes, ou poligynes même s'il reconnaissait l'existence de personnalités monogynes. Or même pour les polygames il y a selon lui des moments d'amour exclusif ou égoïste qui sont « un repos, une diversion aux grandes manœuvres de l'âme, aux prouesses, un sommeil du génie social amoureux[1] ».

1. *Ibid.*, p. 286.

Les couples monogames ne seraient pas interdits mais ils seraient raillés et déconsidérés tout comme les personnes qui font commerce du sexe. D'ailleurs, à part la fréquentation de mineurs de moins 15 ans, aucune relation sexuelle ne serait interdite, y compris quand elle serait incestueuse pour autant que les partenaires soient des adultes. Fourier pensait que la sexualité criminelle n'était que le résultat de l'« engorgement » des passions pacifiques, du refoulement dirions-nous aujourd'hui. Si on laissait exprimer les bizarreries sexuelles, elles ne deviendraient jamais antisociales.

Dégagées de l'hostilité née de l'exclusivité sexuelle et de la cohorte de maux qui l'accompagnent, les liaisons fouriéristes feraient naître des amitiés durables entre les ex-amants ainsi qu'une immense gratitude pour les plaisirs aussi bien présents que passés. Ce faisant, on resterait lié à tous ceux et celles qui nous les ont procurés (sauf avec ceux des amours de passage qui ont eu lieu lors des orgies). Notre auteur propose que les anciens amants se laissent des legs à leur mort en guise de reconnaissance. Il imaginait que certaines personnes pourraient reconnaître par le biais des legs *post mortem* mille huit cents liaisons de ce type au cours de leur vie. Alors que dans le régime en vigueur à son époque les héritiers étaient très peu nombreux.

Même si la philanthropie sexuelle était réservée à une élite, aussi bien celle qui garantissait le minimum que le couple angélique, cela créait des valeurs morales communes qui favorisaient la générosité. On peut imaginer que Fourier attendait que la philanthropie finisse par s'instiller dans chaque relation comme idéal relationnel. De fait, la multiplicité de relations que l'on accepte de la part des amants est déjà une manière minimale de la réaliser. Il en va de même de la notion de « nécessiteux relatifs » que j'ai avancée. Chacun pourrait au milieu de toutes les relations qu'il entretient pour son propre plaisir faire don de temps à autre à un nécessiteux relatif voire absolu. En essayant bien évidemment de faire preuve de la plus grande délicatesse pour ne pas lui montrer le sacrifice que cela implique. L'idéal étant qu'à long terme on ne sache plus si le partenaire sexuel l'est par désir ou par charité.

En bref, le principe de philanthropie se déclinait dans l'ensemble des codes et des institutions de l'amour et expliquait le droit au minimum sexuel, la polygamie généralisée et l'orgie publique. Le principe de philanthropie casse en les ouvrant à la collectivité les devoirs sexuels liés au mariage. Et aussi les liens égoïstes qui existent entre le désir et le consentement. Et ce, non pas pour nier le premier mais au contraire pour l'encourager, le raviver, mieux le satisfaire. Car en posant le principe selon lequel il est plus élevé de donner à autrui qu'à soi-même nous obligeons les autres à faire de même. Le sexe perdrait alors une partie de sa dimension d'épreuve narcissique pour devenir davantage un plaisir physique et qu'une merveilleuse occasion pour se lier à beaucoup de personnes en créant des réseaux de sociabilité mobiles mais solides grâce à leur multiplicité.

Cet aspect de la théorie de Fourier a une importance capitale. Ce qui remplacera le couple, ce sera la construction de ces nouveaux liens qui auront tous les avantages du premier sans aucun de ses désavantages. Il permettra de vivre des passions folles sans y être enfermé, de ne pas souffrir des ruptures compte tenu du nombre de personnes et d'occasions qui permettent aux malheureux de se consoler, de connaître le plaisir sans la monotonie, de transformer les amours passées en des amitiés, d'être chaque jour titillé par le désir sans en connaître le manque. Mais aussi d'être toujours accompagné sans être envahi ou dépendant des désirs d'autrui, de se découvrir différent à chaque instant grâce aux regards multiples que les autres portent sur nous. En bref, il permettra de garder sa singularité et sa liberté tout en étant entouré de personnes qui comptent.

f. La philanthropie comme instrument critique de l'ordre actuel

Il suffit d'imaginer cette idée de la solidarité au plus haut du système de normes sexuelles pour comprendre à quel point notre société est mesquine et égoïste sous couvert de modernité. En effet, la manière dont a été construit le consentement au sexe a mis l'égoïsme au sommet de notre régime actuel, en le transformant en son principe cardinal. Et si nous acceptons de payer des impôts élevés pour notre travail, ce qui signifie consacrer une partie de celui-ci à la collectivité, la seule idée de faire de même avec le sexe nous semble inimaginable. Si nous trouvons louables les personnes qui, au-delà des impôts, décident de donner de l'argent à ceux qui en manquent, la moindre concession en matière sexuelle semble une espèce de délire.

Qui n'éclaterait pas de rire à l'idée que l'on organise pour le sexe quelque chose de semblable aux

Restos du cœur ? Ceux qui seraient les instruments de cette générosité seraient qualifiés de fous ou soupçonnés d'être manipulés par un mauvais esprit. Et personne ne songe qu'un jour les égoïstes pourraient aussi manquer et être heureux ou heureuses d'avoir droit au minimum sexuel. L'égoïsme du désir va bien au-delà de la question de l'indifférence envers les nécessiteux et se distille même à l'intérieur des relations intimes qu'on a voulues. Il consiste à compter chaque petit gramme de plaisir que l'on donne à autrui sans que rien déborde et cela non seulement pendant une rencontre sexuelle mais aussi après. C'est ainsi qu'on se demande : a-t-on soutiré de moi plus que je n'ai voulu vraiment donner ? Voilà l'une des grandes questions qui intéressent au plus haut point notre justice pénale. Et si l'on considère tant ce que l'on peut perdre en se livrant à une relation sexuelle au regard de ce que l'on peut y gagner, on a de quoi se décourager. Si l'État mettait aujourd'hui autant d'énergie pour permettre à tous l'accès aux plaisirs qu'il le fait pour punir les délinquants et les criminels sexuels, non seulement nos vies seraient diamétralement différentes mais aussi nos désirs et les institutions qui veillent sur eux.

Cet égoïsme du désir se double de celui de la jalousie. Le don de notre partenaire à quelqu'un d'autre nous semble inimaginable tout comme le fait qu'il fasse don de nous.

Les couples qui se livrent dans notre système à l'échangisme n'ont rien à voir avec les couples angéliques ou polygames de Fourier. Ce type de « libertinage » s'opère chez nous sous les yeux du partenaire afin de contrôler une jalousie qui serait insupportable dans un autre contexte. C'est une manière pour les couples de sauver leur propre sexualité en péril de désintégration et non pas un don que l'on fait aux autres. Plus que cela. Selon les enquêtes à ce propos[1], pour ces couples libertins les tiers ne sont que des objets d'excitation réciproque. L'échangisme est une manière de préserver le couple égoïste et fermé sur lui-même menacé par la mort du désir. Sans compter que les femmes y sont perçues comme des victimes de la lubricité et de la domination masculines et non pas comme des actrices à part entière de telles rencontres.

Tout cela n'est guère étonnant car le sexe ne sert pas aujourd'hui à unir, à rassembler, à multiplier nos relations mais au contraire à nous séparer, à nous haïr, à nous appauvrir, à nous isoler les uns des autres. Si dans le monde de Fourier la séparation sociale que produisait le sexe réduisait les associations de personnes à deux, aujourd'hui elle produit des individus isolés.

On dira que le modèle de Fourier est parfaitement utopique. Ce serait vrai si l'on voulait mettre en place un système tel qu'il l'a dessiné : les cours d'amour, les orgies publiques, les vestales, les troubadours, les fakirs et les confesseuses. Mais il n'en est pas de même si l'on songe à l'architecture normative, notamment au fait de poser comme principe le plus haut la philanthropie. Cela impliquerait de grandes restructurations, certes. Mais ce n'est pas la première fois que l'on s'y confronterait : la codification napoléonienne et la révolution des mœurs des années 1970 ont produit

1. Voir Daniel Welzer-Lang, *La Planète échangiste. Les sexualités collectives en France*, Paris, Payot, 2005.

de grandes secousses auxquelles nos sociétés se sont adaptées. Il n'est pas si difficile que cela de poser le principe du droit au minimum sexuel, d'encourager la sortie du couple au profit de la multiplication des relations et même d'imaginer une institution publique qui remplisse les fonctions des orgies de Fourier.

Dans un monde où les femmes seront égales aux hommes non seulement en droit mais aussi en fait, où c'est la collectivité et non plus les parents qui prendra en charge les enfants, le couple n'aurait aucune raison d'être et il faudrait bel et bien le remplacer par autre chose qui nous intègre à la société au lieu de nous en isoler. Et alors que la collectivité – ou l'État pour y faire allusion – unirait sexuellement les personnes au lieu de les séparer, elle ferait de même avec d'autres relations. Au lieu de chercher à nous protéger des autres, l'État ferait toutes sortes d'efforts pour nous aider à nous en rapprocher. Il ne cesserait de renforcer l'ensemble des liens de sociabilité en prenant comme exemple les liens sexuels. Au lieu d'agir comme un policier l'État prendrait une place semblable à celle de l'artiste ou plutôt de Dieu des théories de Baudelaire[1]. Car il deviendrait une « source inépuisable d'amour » et provoquerait dans la population un sentiment d'unité. Au lieu d'être un amas d'individus isolés et haineux la foule deviendrait aimante et désirante, et oublierait ce que veut dire être seul pour un humain.

Et ceux qui osent se moquer de Fourier devraient avoir le courage de proposer une théorie meilleure

1. Voir ces magnifiques comparaisons de Baudelaire entre la prostituée, l'artiste et Dieu dans *Fusées, mon cœur mis à nu et autres fragments posthumes*, Paris, Gallimard, 1999.

pour soigner comme on dit le « lien social ». Car il s'agit là d'une merveilleuse tentative pour produire des formes de sociabilité jouissives et viables qui pourraient devenir les nouveaux cadres vitaux de la modernité. Et tout cela grâce à ce fleuve sans direction qui nous dépasse qui est le sexe – qui faute de soins adéquats et de règles intelligentes produit dans nos sociétés d'aujourd'hui tant de catastrophes –, cette force aveugle que certains vendent et que d'autres achètent, cette puissance incompréhensible que notre inculture et notre misère prennent pour de l'amour. Cette énergie cosmique qui se manifeste en chacun de nous et dont nous croyons qu'elle vient de nous. Ou pire encore : *qu'elle est nous.*

Table

DANS LA MÊME COLLECTION

Marcel Gauchet, La Condition historique, 2003.

Yves Michaud, L'Art à l'état gazeux, *2003.*

Paul Ricœur, Parcours de la reconnaissance, *2004.*

Jean Lacouture, La Rumeur d'Aquitaine, *2004.*

Nicolas Offenstadt, Le Chemin des Dames, *2004.*

Olivier Roy, La Laïcité face à l'islam, *2005.*

Alain Renaut et Alain Touraine, Un débat sur la laïcité, *2005.*

Marcela Iacub, Bêtes et victimes et autres chroniques de *Libération, 2005.*

Didier Epelbaum, Pas un mot, pas une ligne ? 1944-1994 : des camps de la mort au génocide rwandais, *2005.*

Henri Atlan et Roger-Pol Droit, Chemins qui mènent ailleurs, dialogues philosophiques, *2005.*

René Rémond, Quand l'État se mêle de l'Histoire, *2006.*

David E. Murphy, Ce que savait Staline, *traduit de l'anglais (États-Unis) par Jean-François Sené, 2006.*

Ludivine Thiaw-Po-Une (sous la direction de), Questions d'éthique contemporaine, *2006.*

François Heisbourg, L'Épaisseur du monde, *2007.*

Luc Boltanski, Élisabeth Claverie, Nicolas Offenstadt, Stéphane Van Damme (sous la direction de), Affaires, scandales et grandes causes. De Socrate à Pinochet, *2007.*

Axel Kahn et Christian Godin, L'Homme, le Bien, le Mal, *2008.*

Philippe Oriol, L'Histoire de l'affaire Dreyfus, I. L'affaire du capitaine Dreyfus (1894-1897), *2008.*

Marie-Claude Blais, Marcel Gauchet, Dominique Ottavi, Conditions de l'éducation, *2008.*

François Taillandier et Jean-Marc Bastière, Ce n'est pas la pire des religions, *2009.*

Hannah Arendt et Mary McCarthy, Correspondance, 1949-1975, *2009.*

Didier Epelbaum, Obéir. Les déshonneurs du capitaine Vieux : Drancy, 1941-1944, *2009.*

Béatrice Durand, La Nouvelle Idéologie française, *2010.*

Zaki Laïdi, Le Monde selon Obama, *2010.*

Bérénice Levet, Le Musée imaginaire d'Hannah Arendt, *2011.*

Simon Epstein, 1930, une année dans l'histoire du peuple juif, *2011.*

Alain Renaut, Un monde juste est-il possible ?, *2013.*

Nicolas Offenstadt, En place publique. Jean de Gascogne, crieur au XVe siècle, *2013.*

François Heisbourg, La Fin du rêve européen, *2013.*

Axel Kahn, L'Homme, le Libéralisme et le Bien commun, *2013.*

Yves Michaud, Le Nouveau Luxe. Expériences, arrogance, authenticité, *2013.*

Marie-Claude Blais, Marcel Gauchet, Dominique Ottavi, Transmettre, apprendre, *2014.*

Thomas Bouchet, Les Fruits défendus. ›cialismes et sensualité du XIXe siècle à nos jours, *2014.*

Olivier Rey, Une question de taille, *2014.*

Didier Epelbaum, Des hommes vraiment ordinaires ? Les bourreaux génocidaires, *2015.*

François Heisbourg, Secrètes histoires. La naissance du monde moderne, *2015.*

Marcel Gauchet (avec Éric Conan et François Azouvi), Comprendre le malheur français, *2016.*

Yves Michaud, Contre la bienveillance, *2016.*

Axel Kahn, Être humain, pleinement, *2016.*

François Heisbourg, Comment perdre la guerre contre le terrorisme, *2016.*

« *RÉPLIQUES* »
sous la direction d'Alain Finkielkraut

Ce que peut la littérature, *2006.*
Qu'est-ce que la France ?, *2007.*
La Querelle de l'école, *2007.*
L'Interminable Écriture de l'Extermination, *2010.*

Cet ouvrage a été composé
par Nord Compo à Villeneuve-d'Ascq (Nord)
et achevé d'imprimer en France
par CPI Bussière
à Saint-Amand-Montrond (Cher)
pour le compte des Éditions Stock
21, rue du Montparnasse, 75006 Paris
en septembre 2016

PAPIER À BASE DE FIBRES CERTIFIÉES

Stock s'engage pour l'environnement en réduisant l'empreinte carbone de ses livres. Celle de cet exemplaire est de : 200 g éq. CO_2 Rendez-vous sur www.editions-stock-durable.fr

Imprimé en France

Dépôt légal : octobre 2016
N° d'édition : 01 – N° d'impression : 2025178
16-07-0004/4